本书受国家自然科学基金项目资助（项目编号：71402082）

政府干预、内部人控制与国有企业投资行为研究

钟海燕 著

中国社会科学出版社

图书在版编目（CIP）数据

政府干预、内部人控制与国有企业投资行为研究/钟海燕著.—北京：中国社会科学出版社，2017.1

ISBN 978-7-5161-9881-0

Ⅰ.①政… Ⅱ.①钟… Ⅲ.①行政干预—国有企业—投资行为—研究—中国 Ⅳ.①F279.23

中国版本图书馆 CIP 数据核字(2017)第 031279 号

出 版 人 赵剑英
责任编辑 王 曦
责任校对 周晓东
责任印制 戴 宽

出 版 中国社会科学出版社
社 址 北京鼓楼西大街甲 158 号
邮 编 100720
网 址 http://www.csspw.cn
发 行 部 010-84083685
门 市 部 010-84029450
经 销 新华书店及其他书店

印刷装订 北京君升印刷有限公司
版 次 2017 年 1 月第 1 版
印 次 2017 年 1 月第 1 次印刷

开 本 710×1000 1/16
印 张 10.75
插 页 2
字 数 168 千字
定 价 48.00 元

前　言

投资是中国经济增长的三大引擎之一，而在中国企业所常见的投资非效率行为（过度投资和投资不足）往往对经济平稳增长造成损害。根据国外的研究，企业非效率投资问题不仅仅是公司财务决策的问题，它在很大程度上根源于不健全的制度安排，如投资者法律保护水平、政治环境、资本市场监管、政府的行政干预、治理模式以及公司层面的治理结构等。因此，从制度层面来研究我国国有控股上市公司的投资问题，或许是破解投资非效率难题的重要出路。

对于我国国有控股上市公司而言，一方面，国有控股上市公司的国有股东在行政上的“超强”控制和在产权上的“超弱”控制，分别导致国有控股上市公司呈现“政府干预”与“内部人控制”两大公司治理特征。另一方面，在国家绝对控股或相对控股的股权结构下，公司治理的核心不但包括股东与管理层之间的代理冲突，更多的是控制性大股东与其他股东之代理冲突。同时由于法律体系缺乏和监督力度的薄弱，我国国有控股上市公司的治理机制是大股东控制下的治理结构。因此，政府干预、内部人控制以及大股东控制下的治理结构可能影响国有控股上市公司的投资决策。基于以上逻辑，本书以代理理论为基础，在中国转型经济的制度背景下，深入研究国有控股上市公司的投资行为及其效率问题。以期为规范政府行为以及国有控股上市公司治理现状下的投资行为模式，提供更为深入、贴近转型时期公司特征的理论依据和经验证据。具体而言，本书主要开展了以下几方面的研究工作：

首先，基于我国特有的制度环境，以政府干预作为研究背景，从国有产权这一视角考察政府干预以及由其衍生出的薪酬管制和债务软约束对自由现金流的过度投资的影响，研究发现“三大治理弱化”（政府干预、薪酬管制和债务软约束）正是导致国有公司出现过度投资，降低其投资效率的制度根源。

其次，从国有企业改革出现行政干预下的内部人控制现象出发，指出政府将控制权下放出现内部人控制代理问题，从国有产权这一视角考察行政干预下的内部人控制的控制权安排对公司投资的影响，研究结论表明，无论是从控股股东是政府机构还是国有企业角度考察政府干预国有控股上市公司的强弱，还是从国有上市公司金字塔层级的角度考察政府行政干预的强弱，受政府行政干预强的国有控股上市公司投资行为反而优于受内部人控制的公司。行政干预虽然有追求非经济效率的弊端，但是它也有控制内部人机会主义的作用。

最后，在使用随机前沿分析（SFA）测度中国国有控股上市公司投资效率的基础上，将股权结构、公司治理机制、投融资行为与投资效率纳入一个统一的框架体系，通过建立通径模型，就大股东控制（内部人控制）影响投资效率的路径进行实证研究，结果表明大股东控制对投资效率具有“激励效应”和“损耗效应”的两面性，并且其“损耗效应”大于“激励效应”，大股东控制通过独立董事比例和资本结构对投资效率发生的“损耗效应”是中国资本市场资源配置无效率的根本原因。

本书的创新之处主要体现在以下几个方面：

（1）通过从国有产权这一视角考察政府干预以及由其衍生出的薪酬管制和债务软约束对自由现金流的过度投资的影响，不仅为理解政府干预下公司目标及激励机制扭曲所导致的经济后果提供了证据，而且也为资本市场的监管提供了重要启示。

（2）通过从国有产权这一视角考察行政干预下的内部人控制的控制权安排对自由现金流的过度投资的影响，不仅为理解政府干预下的内部人控制的经济后果具有重要意义，而且也为改革政企关系以及关于政府与市场之间关系的争论提供了一个有益的视角。

（3）本书根据大股东控制影响上市公司投资效率的路径，建立通径分析模型进行实证研究，可以有效揭示和探讨大股东控制影响国有控股上市公司投资效率的内在机理以及大股东控制下国有控股上市公司非效率投资行为产生的根本原因。同时，本书采用随机前沿分析（SFA）测度国有控股上市公司的投资效率，这有助于弥补当前国内相关研究传统以财务报表数据及相关财务指标为工具的效率测度方法的缺陷。

目 录

第一章 绪论

第一节 研究背景

投资是资源配置的一种重要方式。对于宏观经济而言，由于企业投资是未来现金流量的主要来源，构成微观主体成长的主要驱动因素，因而，微观企业的投资极大地影响国家经济的增长速度，影响宏观经济的波动。对于微观企业而言，企业投资是公司融资、投资与股利分配三大金融理论的核心问题之一，它将直接影响公司的融资决策和股利决策，从而影响公司的经营风险、盈利水平以及资本市场对其经营业绩和发展前景的评价，是企业将来的利润与价值的决定因素。由于企业投资在企业财务决策中所起到的决定性作用，因此研究企业投资能为理解公司金融问题提供一个很好的视角。

为此众多学者对企业投资理论进行了大量研究。其中，Modigliani 和 Milier（1958）的 MM 定理开创了企业微观投资理论研究的先河。他们认为，在资本市场是完全竞争、市场参与者能自由套利、市场收益率与个人融资成本相同以及企业所得税和交易费用为零的条件下，企业的资本结构不会影响企业价值，企业的投资决策与资本结构无关。也就是说，对于股东而言，无论是负债融资还是权益融资或其组合方式，资金成本无任何差异，对投资现金流没有任何影响。但是，以上定理完全脱离真实的现实环境。于是，在 MM 理论的开创性思维引导下，学者们根据现实世界的条件，通过放松诸多MM定理的严格假设条件，将企业的资本结构、公司治理结构、资本市场的信息非对称性等诸多因素纳入到企业投资理论的研究框架之中，产生了包括非对称信息假说下的投资不足理论、自由现金流假说下的过度投资理论、基于企业决策者心理特征的非理性投资理论等，极大地丰富和发展了企业投资理论。

然而，上述理论和实证研究大多是以西方国家的制度环境和成熟资本市场为背景的，特别是以美国为背景发展起来的。在这些国家中存在相对成熟的、完善的、规范的市场制度和资本市场。与之相反，发展中市场经济国家以及转型经济国家的市场制度呈现出不成熟、不规范、不完善的特点，资本市场相对存在许多不完善的地方。随着我国证券市场的兴起和发展，企业的外部制度环境、公司内部治理结构与融资渠道都发生了重大变化，这将对企业投资决策产生深远的影响。由于我国仍处于转轨经济时期，公司的投资活动处在复杂的不确定性环境中，既有微观方面的因素，也有宏观方面的因素，共同影响着上市公司的投资活动与效率。建立在发达国家经验之上的投资学说不一定适用于发展中国家和转型经济国家，尤其是我国上市公司的投资行为。因此，有必要针对我国特殊的制度背景和公司治理结构来研究我国上市公司的投资行为和效率问题。

在我国上市公司中，国有控股的上市公司约占股票市场的70%以上，国有控股上市公司的制度安排在我国普遍存在。但鲜有文献从国有控股的角度系统地考察国有控股上市公司的投资行为，既有的少量研究也只是停留在国有控股与公司投资的简单回归上，未能深入考察其背后的制度根源。

由于国有企业改革的不彻底，国有控股上市公司中公司对政府、政府对经理层、公司对债权人的契约关系并未完全理顺，分别呈现出政府干预、薪酬管制和债务软约束的治理特征，这些尚不清晰的契约安排都可能影响到国有公司的投资行为。第一，国有公司的一个重要治理特征是政府干预。在现行的制度安排下，政府通过其控股公司的投资活动来履行其社会职能的动机更强烈，将其自身的社会性目标或自身的政治目标内部化到企业经营决策之中，造成公司投资决策目标多元化，使得投资与否并不取决于投资项目的净现值，因而易导致国有公司过度投资。第二，作为所有者的国有资产管理部门（或政府）天然地处于信息的劣势，很难低成本地观察到国有企业的经营业绩，导致了刚性薪酬管制。同时，由于国有控股上市公司管理人员大多由政府任命，导致政府对公司高管人员的考核体系并非市场体系，而是多目标体系，在多目标体系和刚性薪酬管制体制下，在职消费成为经理人的替代选择，并且这种在职消费随着公司规模递增。因此，即使投资项目继续进行的边际经济收益为负，企业经理也可能不会终止投资。第三，国有公司的债务更多地体现出软约束的特点，由于政府对银行经营的频繁干预以及国有银行自身的预算软约束问题，银行既没有能力也没有动力对国有公司实施有效的监督。这种情况下，银行对国有公司的贷款由于不具备硬约束特征，债务的治理功能就将遭到削弱，再也无法取得 Jensen（1986）等人推崇的控制企业过度投资的效果。

所以，本书的研究主题之一是，基于我国政府干预的制度背景，考察政府干预以及由其衍生出的薪酬管制和债务软约束对自由现金流的过度投资的影响。这为理解政府干预下公司目标及激励机制扭曲所导致的经济后果提供了进一步证据，也为理解国有控股上市公司出现过度投资，降低其投资效率的制度根源提供了来自转型国家的经验证据。

既然政府干预以及由其衍生出的薪酬管制和债务软约束导致国有控股上市公司出现过度投资，降低其投资效率的制度根源，那么假如政府开始追求经济效率，下放控制权，减少行政干预，企业的非效率投资行为是否能得到有效改善？已有研究发现，由于我国市场机制及其制度尚未完善，公司治理的内外部机制还未能像成熟市场经济那样在控制代理问题方面发挥应有作用，因此，政企分开的国企改革陷入行政干预下的内部人控制的尴尬困境。虽然，政府干预扭曲效率目标会导致投资决策的扭曲，但是内部人不受约束的机会主义倾向同样也会导致投资决策上的机会主义行为。因此减少对国有公司行政干预并不必然实现效率目标，同样也难以改变当前国有公司存在的非效率投资行为。最终国有公司投资决策是政府干预与内部人控制两者博弈的均衡结果。

所以，本书的研究主题之二是，从国有企业改革出现行政干预下的内部人控制现象为出发点，指出政府将控制权下放出现内部人控制代理问题，从国有产权这一视角考察行政干预下的内部人控制的控制权安排对公司投资的影响，为理解政府干预下的内部人控制的经济后果提供了新的证据，也为当前改革政企关系以及关于政府与市场之间关系的争论提供了一个有益的视角。

一方面，在转型时期，由于法律体系的缺乏和监督力度的薄弱，我国的治理机制是大股东控制下的治理结构。我国上市公司处于大股东和内部人的共同控制之下，内部人控制在很大程度上成为大股东控制的具体表现形式（郝颖，2007）。那么，大股东控制下的投资行为又有什么具体的表现形式呢？国外学者就此问题进行了大量的研究。La Port 等（2000）的研究表明，去除股权同质性假定后，在所有权集中条件下，由于公司现金流权和控制权的分离，控股大股东将会有强烈的动机使公司的投资行为与股东利益最大化目标发生偏移，通过企业的非效率投资行为获取控制权私人收益，侵害中小股东的利益。Dyck 和 Zingale（2004）针对控制权收益的跨国比较后发现，控制性资源的聚集规模越大，控股股东就越有可能通过控制更大规模的资源在时间和空间维度上的分配，制定有利于自身利益目标的投资决策；Aggarwal 和 Samwick（2006）认为，在集中型所有权结构下，控制性股东利益主导下的企业投资决策，将控制权收益而非公司价值的最大化作为其决策目标，导致了非效率投资的产生。而就我国的实际情况而言，上市公司的股权高度集中，企业资源配置和财务决策通常处于大股东的超强控制之下。另一方面，在转型时期，由于法律体系的缺乏和监督力度的薄弱，我国上市公司的治理机制主要表现为大股东主导模式。大股东操纵了股东大会、董事会和管理层，使上市公司的治理结构失衡。即使我国于2007年进行了股权分置改革后，大股东控制现象仍然尤为明显。那么，在我国转型经济和尚待完善的投资者保护的制度背景下，大股东是如何通过对股东大会、董事会和管理层等治理机制的控制影响上市公司投资效率的呢？以及上市公司的治理机制能否有效制约大股东对投资效率产生的“损耗效应”呢？对这些问题的研究和解答，不仅有助于深入理解大股东控制影响投资效率的内在机理，而且对于如何监督和控制我国大股东控制条件下的非效率投资行为，提高中国资本市场的资源配置效率，也有着现实的指导意义。

所以，本书的研究主题之三是，考察国有控股上市公司中大股东控制是如何影响上市公司投资效率的，以揭示和探讨大股东控制影响上市公司投资效率的内在机理以及大股东控制下的非效率投资行为产生的根本原因。

第二节　研究意义

一　理论意义

从现有的企业投资研究方面的成果来看，企业投资作为财务与金融学研究的一个重要内容早已受到企业界和理论界的重视，这方面已形成一套比较成熟的理论，但是几乎都没有从国有控股的角度系统地考察国有控股上市公司的投资行为，既有的少量研究也只是停留在国有控股与公司投资的简单回归上，未能深入考察其背后的制度根源。而在我国，国有控股的上市公司约占股票市场的70%以上，国有控股上市公司投资行为研究是企业投资研究的重要组成部分，因此，进行国有控股上市公司投资的理论研究和实证分析不仅有利于提高国有控股上市公司投资效率，而且还有利于丰富和完善企业投资理论。

另外，现代投资理论和公司金融研究主要是建立在西方成熟市场经济明晰的产权制度、高度的经济自由、充分的信息流动、可靠的契约与法律结构以及行为协调的市场机制的成熟的、完善的、规范的市场制度的基础之上。而处于转轨时期的中国，在投资体制、公司治理结构等许多方面与西方发达的市场经济制度存在很大的差异，呈现出不成熟、不规范、不完善的特点，如政府干预、内部人控制问题、“一股独大”的股权结构以及中小股东保护不足的投资环境等。基于此，我们就不能简单地将发达国家成熟市场中企业投资行为理论的结论照搬到中国，而只有立足于中国的实际情况，把资本积累的路径和效率与制度的形成和演变结合起来，这不仅是研究中国国有上市公司投资行为乃至中国经济发展和经济体制改革的关键所在，而且对于丰富和完善我国国有企业投资理论和方法具有特殊的理论价值。

二　实用意义

正处于经济转轨期间的我国企业常常被冠以“行为短期化”“双重依赖”“扩张冲动”“投资饥渴”等不理性的标签，但其原因可能并非企业的非理性，而是制度的差异。因此，从制度层面来研究我国国有控股上市公司的投资问题，或许是破解投资非效率难题的重要出路。

一方面，在转型经济时期由政府主导下形成的我国上市公司，绝大多数由国有企业改制而来。为了保证公有制的主导地位，国有企业在改制上市过程中都采用了国家控股的股权模式，大多数国有上市公司的国家股处于绝对控制地位。国有控股上市公司的国有股东在行政上的“超强”控制和在产权上的“超弱”控制，分别导致国有控股上市公司呈现“政府干预”与“内部人控制”两大公司治理特征。另一方面，在国家绝对控股或相对控股的股权结构下，公司治理的核心不但包括股东与管理层之间的代理冲突，更多的是控制性大股东与其他股东之间的代理冲突。同时由于法律体系的缺乏和监督力度的薄弱，我国国有控股上市公司的治理机制是大股东控制下的治理结构。但是，从国内现有的公司投资研究文献来看，其分析框架几乎都没有对这些治理特征进行系统的梳理，其研究内容也没有在这些现实制度背景下较为深入和全面地展开。因此，本书将充分借鉴公司治理理论中有关公司投资决策的最新研究成果，立足于我国国有控股上市公司特有的治理结构特征，力求通过深入、系统的规范研究和实证分析，着重考察转型经济条件下，国有控股上市公司治理结构特征，尤其是政府干预、内部人控制和大股东控制下的治理结构特征对公司投资及效率的影响。通过上述基于我国国有控股上市公司治理特征的投资问题研究，对于进一步深入地探讨规范我国国有控股上市公司特定治理结构下的投资决策模式、改进上市公司的治理结构和规范政府行为等方面，都具有重要的现实意义。其研究结论，不仅可以在实践上为政府行为与资本市场的监管提供政策启示，而且也将为国际财务学界在相关领域的进一步深入研究提供来自中国国有控股上市公司的经验证据。

第三节 研究方法与研究内容

一 研究方法

国有控股上市公司的投资行为及效率问题，是一个多学科交叉的研究课题。本书将综合运用金融学、会计学、信息经济学、博弈论、计量经济学等多学科知识，在广泛参考国内外有关文献的基础上，力求将理论研究与实际研究、规范研究与实证研究、定性研究与定量研究方法综合运用，对国有控股上市公司的投资行为及效率问题进行系统的研究。

1. 理论研究与实际研究相结合

在科学研究中，往往需要将理论与实践相结合。众所周知，理论研究为发掘出共性的规律往往会舍去很多具体的特性，而具体的实践却千差万别，有着丰富的特殊性。如果理论研究不能与实践相结合，不接受实践检验和应用于指导实践，就会变成纯粹的概念推演。虽然公司的投资行为有着一般性的规律，但是由于各国的制度、资本市场的发展程度、监控策略及方式的不同，国有控股上市公司的投资行为则有其特殊性和内在要求。因而公司投资行为理论研究不仅应该能够联系实践，而且还应该能够指导实践，对现实存在的特殊投资行为进行解释，对治理国有控股上市公司非效率投资行为能够提出可操作性强的治理对策途径。

2. 规范研究与实证研究相结合

规范研究与实证研究是公司金融领域广泛应用的主流研究方法。规范研究是通过理论来分析公司财务决策问题的，所得到的结论是在既定假设下，经过严密逻辑推理后的必然结果。由于规范分析强调一定条件下的因果关系，并且依赖于特定的假设。因此，规范分析的结论可能会与现实产生一定的出入，而实证分析则是弥补规范分析结论的有效手段。实证分析的数据来源于经济运行的实际过程，实证结果反映了经济生活的现实，实证分析不但可以证伪检验规范分析的结论，而且还可以丰富揭示现实经济现象。本书对国有控股上市公司投资行为及效率的研究，综合使用了这两种分析方法：一方面通过规范分析，分析行政干预下内部人控制的表现形式与经济后果，另一方面基于我国上市公司财务和市场数据，对政府干预、内部人控制与公司投资关系进行实证检验，以检验规范分析结论的真伪。两者相互呼应对照，使问题阐述得完整、清晰。

3. 定性研究与定量研究相结合

对投资问题的探讨，既有对国有控股上市公司治理特征的定性分析，也有对投资规模和效率的定量研究。前者主要是从理论和逻辑上对国有控股上市公司治理特征进行系统梳理，后者主要是结合国有控股上市公司的实际情况进行统计计量和经验检验。因此，本书在研究我国国有控股上市公司的投资决策问题中，将定性分析与定量分析相结合，试图更为全面和深入地分析国有控股上市公司投资低效的不同成因。

二 研究内容

本书按照承上启下、逐步推进的逻辑顺序，首先，基于我国特有的制度环境，以政府干预作为研究背景，从国有产权这一视角考察政府干预以及由其衍生出的薪酬管制和债务软约束对自由现金流过度投资的影响，为理解政府干预下公司目标及激励机制扭曲所导致的经济后果提供了进一步证据。其次，既然政府干预是导致国有公司出现过度投资、降低其投资效率的制度根源，那么假如政府开始追求经济效率，下放控制权，减少行政干预，企业的非效率投资行为是否能得到有效改善？为此本书第五章将从国有企业改革出现行政干预下的内部人控制现象为出发点，指出政府将控制权下放出现内部人控制代理问题，从国有产权这一视角考察行政干预下的内部人控制的控制权安排对公司投资的影响，为理解政府干预下的内部人控制的经济后果提供了新的证据。再次，第五章研究发现，政府减少干预将产生更为严重的内部人控制问题，由于国有控股上市公司事实上处于大股东控制之下，那么大股东控制是如何影响上市公司投资行为及效率的呢，或者说大股东控制影响上市公司投资行为及效率是否存在某种特殊的机制或路径？这就构成了本书第六章的研究内容。最后，基于我国现实的环境，提出解决我国国有控股上市公司非效率投资行为的对策。

本书的主要框架如图 1－1 所示。

第一章 绪论。作为开篇，首先提出了选题的背景及意义；其次提出了研究方法、研究内容和研究体系结构，并对相关概念进行了界定；最后提出了本书的几个创新点。

第二章 相关理论及文献回顾。作为本书研究的理论基础，本章通过梳理公司财务理论的发展脉络和相关理论文献，从代理冲突、信息不对称和行为金融三个方面勾勒出企业投资问题研究的理论框架，并打算从公司外部治理环境和内部治理机制两个方面对已有文献进行梳理，为后文的规范和经验研究提供了较为完整的理论依据。

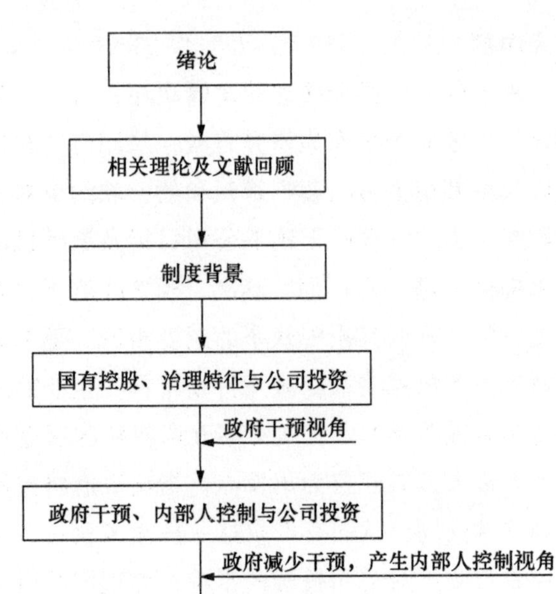

图1-1 研究基本框架

第三章　制度背景。本章结合中国仍处于转轨经济时期及转轨经济时期不完善性和不稳定性的特征，探讨了中国国有企业改革进程和特点、国有控股上市公司的治理结构特征、以资本市场现状与公司治理现状为背景的我国国有控股上市公司投资的制度特征，为后面的理论分析和实证研究提供研究背景和制度铺垫。

第四章　国有控股、治理特征与公司投资。本章首先以代理理论为基础，深入分析国有控股上市公司中公司对地方政府、政府对高管、公司对债权人的契约关系的基础上，指出国有控股上市公司呈现出政府干预、薪酬管制和债务软约束的治理特征，并基于中国转型经济时期政府干预的制度背景，对这些治理特征与公司投资的关系进行理论分析并提出相关研究假设。然后在构造出自由现金流的过度投资的计量模型的基础上，实证考察了国有控股对自由现金流过度投资的影响以及它的制度根源。

第五章 政府干预、内部人控制与公司投资。本章首先从国有企业改革出现行政干预下的内部人控制现象出发，分析政府减少干预所导致的内部人控制对公司投资的影响。然后构造出自由现金流的过度投资模型的计量的基础上，基于我国政府放松对上市公司干预的制度背景，研究国有控股类别和“金字塔”层级不同，导致政府控制上市公司的力度和内部人代理冲突存在显著差异，并考察这一差异对自由现金流过度投资的影响，为理解政府干预下的内部人控制的经济后果提供证据。

第六章 大股东控制影响投资效率的路径研究。本章在使用随机前沿分析（SFA）测度中国国有控股上市公司投资效率的基础上，将股权结构、公司治理机制、投融资行为与投资效率纳入一个统一的框架体系，运用通径分析方法，就大股东控制对投资效率影响的作用机制及其效应进行实证分析，以鉴定中国资本市场的资源配置效率。

第七章 研究结论、政策建议与研究展望。本章总结了以上各章的研究结论，运用规范分析方法，有针对性地提出了规范上市公司投资行为、提高公司投资效率的对策建议，并提出后续研究方向。

第四节 相关概念的界定

一 国有控股

控股公司或被称为母子公司、父子公司、母公司、持股公司、股权公司等，是通过持有其他公司一定份额的股权（通常占有控股地位）而据以控制至少几家公司的特殊企业组织。

控股公司的本质特征是控股。控股有绝对控股和相对控股之分。

一个公司持有另一个公司50%以上的股份，是绝对控股。虽然持股比例低于50%，比如30%—40%，但由于公司的股权分散，只要拥有足够的投票权，则也能够实现控制其他公司的目的，这种情况称为相对控股。控股的程度将取决于一个国家的法律规定、被控制公司的股权结构、持股的比例等不同情况。

国有控股公司是控股公司的特定形态，是专门经营国有资产的特殊企业法人。在我国，组建国有控股公司对国有资产进行经营管理已有十多年时间，并逐渐成为国有资产经营管理的主导模式。但国有控股公司在我国现行的法律和政策体系中还没有明确的定义，各方面的认识还不尽一致。

目前，在国内关于国有控股公司的界定一般有两种说法：一种说法是，对国有控股公司的含义较为普遍的看法是，国有控股公司是指由国有资产管理部门（国资委或局）批准设立的，以国有资本为注册资金，通过控制母公司的一定份额股份（分为绝对控股和相对控股两种形式），控制和掌握其他子公司的重大经营决策权，进行国有资本运营和实现国有资产的保值增值目标的特殊企业法人。这里把国有控股公司界定为专指经过国资委授权的代表国资委对所控股的子公司中的国有资产和权益进行经营的特殊法人实体。另一种说法是，在一个国有公司中，由两类股东构成，其中国有股处于控股地位，而非国有股处于非控股地位，有人把这样设立的国有公司界定为国有控股公司。

这两种界定方式对国有控股公司的理解是从公司的控制性大股东角度出发的。但是，近年来，人们越来越发现，如果这些控股大股东本身还存在控制性大股东，那么公司的决策就会被最终的控股股东所左右。La Porta等（1999）通过追溯层层的所有权链条来寻找谁拥有最多的终极所有权和控制权，并对全世界279个发达经济体的上市公司进行了股权结构研究。研究发现，以20%投票权为最终控制形态划分标准，在27个国家上市公司中，除了美国、英国以及日本显示出较高程度的股权分散外，其余国家大多存在终极控股股东。而且许多国家上市公司终极控制股东的控制权（投票权）会超过他们的现金流权。这样的所有者，被 La Porta（1999）称为“终极控制人”。

终极控制人，是指沿着企业股权结构控制链条的层层追溯，通过直接或间接持有股权而掌握公司实际控制权的最终控制实体，有时也称实际控制人、终极控股股东或控股股东。终极控制人控制上市公司的方式包括直接控制与间接控制两种。上市公司的第一大股东没有通过多层结构而直接拥有上市公司的实际控制权为直接控制；最终控制者通过采用“金字塔”结构或交叉持股等多层结构的方式间接持有实际控制权为间接控制。这样，公司终极控制人与第一大股东的概念并不等同。事实上，上市公司为第一大股东国有，而其终极控股股东并不一定为国有。因此，从公司的控制性大股东角度出发判断其是否为国有控股还是存在一定问题的。基于此，本书所指的国有控股，是指公司为国有性质的终极控制人所控制的一种特殊形式。

终极控制人的定义可以通过图 1－2 与图 1－3 两个上市公司的例子来形象说明。图 1－2 为青海贤成矿业股份有限公司（600381，以下简称贤成矿业）2008 年的股权结构图。可以发现，在 2008 年末，贤成矿业的第一大股东为西宁市国新投资控股有限公司，但是，按照其终极控制权链条进行追溯，即追溯第一大股东的控股股东，以此类推。那么，黄贤优先生以“金字塔”结构的控股方式通过两条控制链间接实现了对贤成实业的最终控制。

图 1－3 为安徽省皖能股份有限公司（000543，以下简称皖能电力）2008 年的股权结构图。从表面上看，安徽省能源集团有限公司为皖能电力的第一大股东（持股比为 54.54%）。但是，按照其终极控制权链条进行追溯，第一、第二、第三和第四大股东直接或间接最终为安徽省国有资产监督管理委员会控制，因而，安徽省国有资产监督管理委员会为皖能电力的最终控制人。

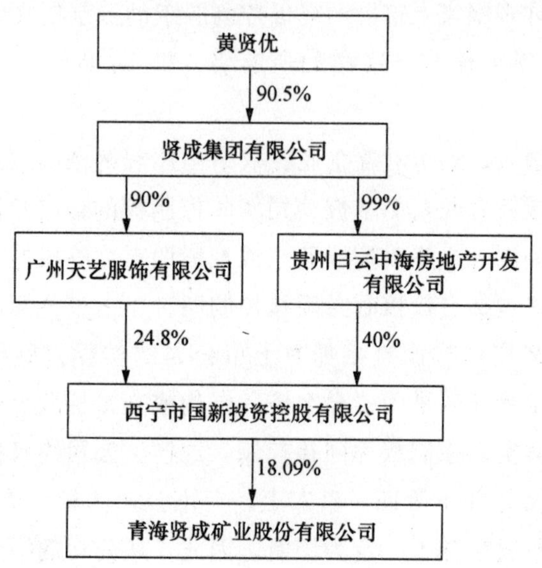

图 1－2　青海贤成矿业股份有限公司（600381）2008 年股权结构

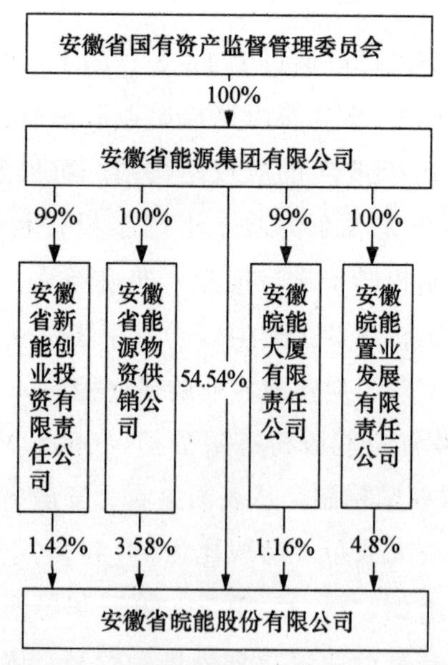

图 1－3　安徽省皖能股份有限公司（000543）2008 年股权结构

二　投资效率

由于资源稀缺性和用途多样性的假设前提，效率一直以来都是经济学中的核心命题，它通常是比较和评价的基础。简单来说，效率是指通过最有效和最优的资源配置，以尽可能低的成本去获取人们所需要的较多收益，因此，它必然涉及投入与产出、成本与收益的对比。

投资效率是指投资活动成果和消耗的比例关系，也可以认为是投资活动中投入和产出的对比关系。这里所指的消耗或投入，包括物化劳动的消耗、投入。从价值的角度来看，表现为一定量资金的消耗、投入。所指的成果或产出，既可以是形成的直接成果，如竣工项目、生产能力或工程效益等；也可以是产出的最终成果，如产品产量、利润、国民生产总值、国民收入等。

投资效率问题更多的是在宏观经济理论中进行探讨，此时的投资效率也被称为“宏观投资效率”。正如樊潇彦（2005）所指出的，尽管投资效率在宏观经济分析中至关重要，但无论是理论还是实证，这方面的研究仍然稍显杂乱，不同的学者有不同的界定方法和衡量标准，各种研究方法之间也缺乏可比性。国外学者进行宏观投资效率相关研究中所使用的投资效率是从以下四个不同的角度进行理解的。

（1）从资本形成的效率来理解。这类文献的思想如下：在 GDP 的四大构成即消费、投资、政府购买、净出口中，投资的功能在于将居民的储蓄转化为用于企业生产的资本，投资意味着资本的形成，因此投资效率也就意味着资本形成的效率；投资在 GDP 中的比例越高，所形成的资本越多，从而投资效率也就越高。

（2）从产业间资本配置效率的角度来理解。这类文献的基本思想如下：如果投资是有效的，那么资本将从投资过度的产业撤出，流向投资不足的产业。按照新古典微观经济学，这种资本流动将一直进行到各要素的边际生产率之比相等，此时经济达到一般均衡。Wurgler（2000）据此认为，如果一国可以做到在相对增长较快的行业追加资本，而从衰退的行业撤走资本，那么该国的资本配置就是有效率的。

（3）从投资总量是否偏离最优投资量的角度来理解。这主要是新古典增长理论的贡献。其基本思想如下：社会投资总量存在某个最优水平，使得稳态的人均消费水平达到最大。此时的最优资本存量也称为“黄金律”水平。如果社会总资本存量超过“黄金律”水平，则称投资过度（Over Investment），否则，称为投资不足（Under Investment）。

（4）从经济增长角度来理解。这类文献的基本思想如下：给定相同的投资水平，如果一个国家获得更快的经济增长，那么就说该国的投资更有效率。而自索洛以来的一个衡量经济增长的指标，则是全要素生产率增长率（TFP Growth，TFPG），因此，TFPG 可以用来度量宏观经济的投资效率。

在上文综述的各类文献中，哪种投资效率概念及其度量更为合理呢？尤其是，当宏观经济学者们在使用投资效率的时候，该词对于微观企业而言又意味着什么呢？国内学者经常在理论上和实证上探讨宏观经济的投资效率问题，但投资效率对于微观企业而言究竟意味着什么则并不明确。如何科学地度量微观企业的投资效率？覃家琦、齐寅峰等（2009）认为企业的投资活动，不仅与资本有关，而且与劳动有关，更为确切地讲，企业投资其实是资本、劳动等诸多要素的结合，以便产生现金流。而诸多要素的结合，正是通常所说的生产活动。因此，他们的研究认为，公司财务学所理解的投资行为其实等价于生产行为。由此，微观企业的投资效率等价于生产效率或生产率，可以通过全要素生产率以及全要素生产率增长率来度量投资效率，前者度量投资的静态效率，后者度量投资的动态效率。因此，通过引进边界效率方法，我们就可以计算微观企业投资的静态效率和动态效率。

三　内部人控制

内部人的概念源于对内部人控制现象的提炼与总结，在股权分散的现代企业中，公司的实际控制权被经理所拥有，此时内部人主要指掌握实际控制权的经理。随着世界范围内的股权集中趋势和大股东参与公司治理的普遍性，大股东掌握了公司的实际控制权，由此大股东也被逐渐列入内部人的范畴。大股东是指持有公司股份达到相当比例，拥有公司表决权的多数（相对多数或绝对多数），从而通过任命公司董事会等权力机构的多数席位而实质掌握了公司控制权的股东，即控股股东。而对中国国有上市公司而言，股权的过度集中和有效的经理人市场的缺乏，经理人员通常由控股股东委派，人才提拔的行政力量强于市场力量，经理人员的决策通常以控股股东的利益最大化为出发点，出现控股股东“剥削”小股东的内部人控制问题。因此，我国国有上市公司处于大股东和内部人的共同控制之下，内部人控制在很大程度上成为大股东控制的具体表现形式。

第五节　本书的主要特色及创新点

本书的特色及创新主要体现在以下几个方面：

（1）基于中国转型经济时期的制度背景，通过构建国有公司治理特征的整体分析框架，实证考察了国有控股对自由现金流的过度投资的影响以及它的制度根源，从而提供了国有控股如何影响公司投资行为的内在机理和深层证据。研究发现，我国国有控股上市公司存在明显的自由现金流代理问题，公司过度投资规模与内部自由现金流量呈显著的正相关关系。进一步的研究表明，政府干预、薪酬管制和债务软约束三大治理弱化是导致国有公司出现过度投资、降低其投资效率的制度根源。因而，此研究的贡献为：第一，通过从国有产权这一视角考察政府干预以及由其衍生出的薪酬管制和债务软约束对自由现金流的过度投资的影响，为理解政府干预下公司目标及激励机制扭曲所导致的经济后果提供了进一步证据；第二，系统地分析了国家控股对公司投资决策的影响，以及形成这种影响的制度根源。我们的证据表明，“三大治理弱化”（政府干预、薪酬管制和债务软约束）正是导致国有公司出现过度投资、降低其投资效率的制度根源，该发现对资本市场的监管设计有重要的启示——加快推进相关制度变革，着力解决内部治理弱化问题，才是改善国有公司投资行为的治本之策。

（2）以国有企业改革出现行政干预下的内部人控制现象为切入点，在从国有控股类别和“金字塔”层级两个方面测度政府干预和内部人代理冲突相对大小的基础上，实证检验国有控股类别和金字塔层级对自由现金流的过度投资的影响，以全面考察行政干预下的内部人控制的控制权安排对公司投资行为的影响。研究发现，无论从控股股东是政府机构还是国有企业的角度，还是从“金字塔”层级数的角度考察政府行政干预的强弱，受政府行政干预强的国有公司投资行为反而优于受内部人控制的公司。行政干预虽然有追求非经济效率的弊端，但是它也有控制内部人机会主义的作用。因而，此研究的贡献为：第一，通过从国有产权这一视角考察行政干预下的内部人控制的控制权安排对自由现金流的过度投资的影响，为理解政府干预下的内部人控制的经济后果提供了新的证据。第二，在中国制度背景下，我们发现在我国市场机制及其制度尚未完善，公司治理的内外部机制还未能像成熟市场经济那样在控制内部人代理问题方面发挥应有作用的制度背景下，政府单纯下放控制权给企业内部人的改革并不能达到预期的效果。在投资决策方面，甚至出现往不利方向变化的趋势。这表明，以前有关政府干预与公司投资行为关系研究的经验文献中没有考虑内部人控制的影响是不全面的，从而较为全面地反映政府干预市场的制度安排对公司投资行为的影响，这为理解我国国有控股上市公司投资行为增添了新的知识。此外，本书也为我国国有企业内部人控制现象的存在提供了间接的补充证据。第三，从投资视角拓展了关于“金字塔”结构作用的研究。程仲鸣等（2008）研究从投资视角为“金字塔”结构的支持效应提供实证证据，认为“金字塔”结构与过度投资负相关。而本书的研究却发现，“金字塔”结构与过度投资之间存在“U”形曲线关系，“金字塔”结构并不仅仅意味着支持效应，它还有掏空效应，因而丰富了有关“金字塔”结构的研究。

（3）国内外目前有关大股东控制（内部人控制）影响上市公司投资行为的研究文献，大都停留于大股东控制本身与企业投资行为关系的研究层面上，而以上市公司各治理机制相互作用角度尤其是以大股东控制与公司治理机制相互作用为切入点的进一步深入研究尚未展开。本书在遵循大股东控制→公司治理→投融资行为→投资效率分析框架的基础上，构建了大股东控制影响上市公司投资效率的通径模型，就我国上市公司大股东控制对投资效率影响的作用机制及其效应进行实证分析，可以有效揭示和探讨大股东控制影响上市公司投资效率的内在机理以及大股东控制下的非效率投资行为产生的根本原因。在测量投资效率时，采用随机前沿分析（SFA）测度国有控股上市公司的投资效率，这有助于弥补当前国内相关研究传统的以财务报表数据及相关财务指标为工具的效率测度方法的缺陷。在实证研究方法上，采用通径分析法，由于通径模型不仅可以处理有多个因变量和中介变量的问题，还可以很精细地估计出每个自变量究竟是通过何种方式作用于最终变量的，从而使我们对大股东控制影响上市公司投资效率问题的理解更加深入和全面。

第二章　相关理论及文献回顾

作为本书研究的理论基础，本章通过梳理企业财务理论的发展脉络和相关理论文献，从代理冲突、信息不对称和行为金融三个方面勾勒出企业投资问题研究的理论框架，并打算从外部制度环境和公司内部治理两个方面对已有文献进行梳理。为后文结合我国国有上市公司治理结构现状和投资的制度特征，研究国有控股上市公司治理特征、行政干预下的内部人控制对企业投资行为的影响，以及大股东控制对投资效率影响的作用机制及其效应，提供理论依据和理论支撑。

第一节　企业投资的理论基础

投资决策是企业的一项重要的战略性决策，基于完美市场的MM理论认为企业的融资来源与投资决策无关。然而，由于信息不对称、代理成本问题，企业的投资决策不可能与企业的融资来源无关。之后国外关于企业投资决策的文献相继出现，有些西方学者通过考察投资现金流相关性找到了企业投资决策非效率化的经验证据。但大量的研究企业投资决策的理论与实证提出两个竞争性假说：一是认为资本市场的信息不对称影响投资支出，并最终导致投资扭曲；二是认为代理问题影响公司的投资支出水平，从而导致投资不足或过度投资。无论是代理理论还是信息不对称理论，均隐含地假定管理者与投资者都是追求效用最大化的理性决策者。但是由于现实中企业的实际投资决策行为与“理性经济人”假设有着较大的差异，因此，国内外学者从非理性视角就管理者与投资者非理性对企业投资的影响也做了大量的研究。

一　基于代理冲突的企业投资理论

代理理论是过去多年契约理论最重要的发展之一，其中心任务是研究在委托人与代理人的利益冲突和信息不对称的环境下，委托人如何设计最优契约激励代理人。在由一系列契约联结的企业中，存在多重委托代理关系，如股东与经理、股东与债权人、大股东与小股东之间。传统的委托代理理论旨在关注分散所有权模式下，控制权和所有权分离所导致的股东与经理、股东与债权人之间的利益冲突，由此导致的投资不足和过度投资等非效率投资行为。但是，在所有权集中模式下，尽管实际履行企业控制权的大股东有足够的动力去监督管理者的败德行为，在一定程度上缓解了股东与经理之间的代理冲突，但大股东在自利动机的驱使下，其对中小股东利益的侵占则凸显为代理冲突的主要形式。

代理冲突对企业投资行为影响的理论基础主要有以下三种。

1. 股东与经理代理冲突下的企业投资行为

代理理论表明，在所有权与控制权相分离的现代企业中，股东—经理层之间存在利益冲突，代理冲突容易导致企业投资行为的扭曲，从而产生过度投资、投资不足、盲目多元化等非效率投资行为。

（1）过度投资。通常情况下，企业的规模扩张越快，管理者的晋升机会就越多。因此，管理者存在扩张企业规模的帝国构建的内在动力，倾向于过度投资而不是专心投资于公司价值最大化的项目。Jensen（1986，1993）研究指出，帝国建造偏好使经理将企业的资源用于投资项目中，当企业存在大量自由现金流量时，经理的规模偏好有可能导致他们将企业的自由现金投资于为其带来非货币收益的企业投资规模扩大的项目上，从而导致企业过度投资行为的发生。所以，经理的帝国建造倾向，可能导致投资随着内部现金流的增加而增加。Murphy（1985）认为，由于剩余索取权与控制权的不对称性，通过扩大企业规模，经理人可以拥有更多可以控制的资源，因此，经理存在使企业的发展超出理想规模的内在激励。

（2）投资不足。管理者由于短期机会主义行为或基于职业安全等个人利益的守成策略，可能导致管理者放弃净现值为正的投资项目而导致投资不足。Narayanan（1985）的模型表明，基于人力资本市场中声誉的考虑，经理可能会相应扩大短期内提高企业短期绩效的投资，而减少提高股东长期价值的投资，因而在投资决策上可能牺牲了股东的长期利益，引起在一些资产的投资不足。例如，为了其短期利益，经理可能会削减在机器设备维修方面的支出，或者减少企业在品牌忠诚度和职工培训等无形资产方面的投资开支，从而达到短期内提高报表收益的目的。

（3）盲目多元化投资。Jensen（1986）认为通过多样化投资，经理能够获得额外的私有收益，包括多样化投资产生的个人威望、权力、地位和在职消费的提高以及多样化经营背景使经理更易于寻找高级职位。Shleife 和 Vishny（1988）认为，经理通过多样化投资能够巩固自己的职位，股东很难轻易替换他们。Aggarwal 和 Samwick（2003）从“寻租”角度出发，认为经理通过多样化投资增加了“寻租”的机会和可能性，多样化投资能够使经理掌握和转移更多的资源，从而有利于发现可供利用的“寻租”机会，增加个人财富。

2. 股东与债权人代理冲突下的企业投资行为

对股东—债权人冲突的研究起初是作为解释“资本结构之谜”的理论之一而出现的。Fama 和 Miller（1972）在《财务理论》一书中首次讨论了股东、债权人冲突在企业投资决策上的表现。他们认为，当企业发行风险负债时，一个能够最大化企业价值（股东与债权人财富之和）的投资决策却不能同时最大化股东财富和债权人财富。之后，Jensen 和 Meckling（1976）以及 Myers（1977）在对代理成本的研究中发展了该问题，明确提出了股东—债权人冲突对投资决策的两大影响：资产替代与投资不足。

Jensen 和 Meckling（1976）指出，在负债较大的筹资结构下，股东和经理将具有强烈的动机去从事那些尽管成功机会甚微但一旦成功获利颇丰的投资项目，如果这些投资成功，他们将获得大部分收益，而如果他们失败，则债权人将承担大部分成本。由于债权人不可能完全监督管理者的经营行为，管理者具有牺牲债权人利益而投资于风险更大和回报更高项目的动机，表现为过度投资。

Myers（1977）则对投资不足现象进行了剖析。他发现，发行风险债券会促使企业采取次优的投资策略或迫使企业及其债权人发生避免次优策略的成本，从而减少这些企业的现行市场价值。因为采用风险债券融资的企业在某些状态下会拒绝净现值为正的投资机会。也就是说，当经理与股东利益一致时，发行风险债券融资的企业股东/经理将拒绝那些能够增加企业市场价值，但预期收益大部分属于债权人的投资，即使这些投资项目的净现值为正。显然，负债削弱了企业对好项目进行投资的积极性。

3. 大小股东代理冲突下的企业投资行为

传统的委托代理理论旨在关注分散所有权结构下，控制权和所有权分离所导致的股东与经理、股东与债权人之间的利益冲突，由此导致的投资不足和过度投资等非效率投资行为。但是，随着大股东持股比例的增加，股东与经理之间的代理冲突会有所缓解，甚至会因大股东与小股东的代理冲突的凸显而退居次要地位。当大股东持股比例高于某一临界值时，大股东有足够的控制力，实施有利于自身利益的投资以构建控制性资源，攫取控制权私有收益。Dyck 和 Zingale（2004）针对控制权收益的跨国比较后发现，控制性资源的聚集规模越大，控股股东就越有可能通过控制更大规模的资源在时间和空间维度上的分配，制定有利于自身利益目标的投资决策。Wu Xueping（2005）将控制权私有收益纳入 Myers 的逆向选择研究框架之中，新模型的分析表明，控制权收益是驱动企业过度投资的主要影响因素，但少量适度的控制权收益则可以缓解控制性股东的投资不足行为并有利于提升公司价值。Hakan 和 Yurtoglu（2006）分析了由于控股股东存在所导致的代理问题对企业效率的影响，研究发现，相对于通过“金字塔”结构、双重投票权等方式实现两权分离的企业，不通过上述方式来实现控股股东两权分离的企业的投资收益相对要高些。这些实证结果说明，大股东的出现，尤其是在控制权和现金流权高度分离的条件下，会加剧其对控制权私有收益的追求动机，从而给企业的投资效率带来负面影响。

二 基于信息不对称的企业投资理论

信息不对称理论始于对旧车市场上“柠檬问题”的观察和研究，此后，作为备受关注的前沿理论几乎渗透到微观经济学的所有研究领域。信息不对称是指某些参与人拥有另一些人不拥有的信息。它可以按时间的角度划分，信息不对称的时间可能发生在当事人签约之前，也可能发生在当事人签约之后，分别称为事前不对称和事后不对称，研究事前不对称信息博弈的模型称为逆向选择，研究事后不对称信息的模型称为道德风险。

Myers 和 Majluf（1984）利用信息不对称理论分析了发行股票融资中的逆向选择问题，并进一步讨论了逆向选择对企业投资行为的影响。他们的分析表明，当新股东对融资企业现有资产或投资项目的价值缺乏足够的信息时，新股东只能根据自身掌握的有限信息，对资本市场上融资企业所发行的证券的市场价值按照一个平均价格进行评价，而且也只愿意按照这一个平均价格提供资金。在这种情况下，新股东评价的企业市场价值就很难反映每一个融资企业融资证券的实际真实价值。相对于新股东的评价价值，部分优质企业的证券价值可能被低估，部分劣质企业的证券价值被高估了。证券被高估的企业，获得过多的资金，从而在投资决策时出现过度投资现象；而被低估的优质企业，由于无法获得足够的资金，从而产生投资不足现象。

在 Myers 和 Majluf（1984）的研究基础上，Heinkel 和 Zechner（1990）进一步深入分析了信息非对称下的企业投资行为。他们的研究发现，当信息不对称只涉及新项目的价值时，净现值小于零的项目也可能被实施，即产生过度投资现象。其原因是，市场不可能通过项目的净现值将所有公司进行完全分离，因而市场只能按照所有企业的平均价值来确定某个企业在市场上所发行风险证券的价格。这样一来，项目净现值较低的企业可以从发行被高估的股票中获利，这一收益可能会弥补净现值小于零的项目所造成的损失，从而使得这些企业有可能实施净现值为负的项目，导致过度投资。

事前信息不对称导致的逆向选择问题不仅存在于权益融资方式，企业债务融资时也存在逆向选择问题，导致非效率投资的发生。Jaffee 和 Russel（1976）认为，当企业以债务方式获得投资所需的资金时，潜在的债权人意识到自己在项目盈利信息方面处于弱势地位，并有可能承担因信息不对称而导致的风险，因此会要求较高的资金回报率，这样可能会迫使企业放弃对有价值项目进行融资，因为资金成本的提高使项目的净现值由正变负，这样就导致投资不足。

实际上，道德风险的存在也会导致企业投资的非效率，尤其是因为企业负债融资带来的股东与债权人间的利益冲突。当企业投资于风险较高的项目时，如果项目成功，债权人只能得到事先约定的支付，但股东却得到了全部的超额收益；如果项目失败，则债权人将承担大部分成本。因此，在股东利益最大化的驱动下，管理者有偏好高风险项目的资产替代动机。另外，债权人预期到股东的这种机会主义行为，会要求一个更高的利率补偿，造成企业放弃一些原本可以接受的项目，又引发投资不足问题。而且，更高的贷款利率减少了借款人在贷款项目中的相对份额，增加了借款人追求有高私人利益项目甚至进行欺诈的激励。债权人为避免这种违约风险，就会维持一定的利率水平来选择优质客户，导致部分企业在市场利率水平下不能筹集到所需的足够资金，形成严重的信贷约束问题，这种债务悬横现象的存在将会进一步加重企业投资不足问题。

三　基于行为金融的企业投资理论

对于公司创造价值而言，投资决策在公司财务管理活动中是最重要的，它决定着公司的发展前景。传统公司金融理论是在有效市场假说及“理性经济人”假设的基础上研究公司投资行为的。但是由于现实中企业的实际投资决策行为与“理性经济人”假设有着较大的差异，这一隐含假定受到以心理学对企业实际投资决策行为的研究成果为基础的行为金融学的挑战。20 世纪 90 年代迅速发展起来的行为金融理论，以其逼近真实市场行为的理论分析展示出广阔的发展前景。行为金融理论广泛吸取了心理学、社会学、人类学，尤其是行为决策科学的研究成果，解释金融市场出现的异常现象。该理论认为，现实投资者是带有各种认知偏差、情绪波动与独立意志的个体，其心理因素是影响投资决策和资产定价的重要因素。

目前，行为金融理论框架下的公司投资行为研究关注的主要是两种非理性行为对公司资本配置行为的影响：一是着重强调投资者非理性，将投资决策看作是公司管理者对于资本市场错误定价的理性反应；二是着重强调管理者非理性，研究管理决策偏差对公司投资行为的影响。相对而言，由于管理者非理性特征更加难以观察界定，因此，第二种非理性行为对公司投资行为的影响在研究开展时间或是成果数量方面都不及第一种非理性行为，因而被认为是未来行为公司财务需要深入开展的方向。

1. 投资者非理性下的企业投资行为

市场有效性假设认为，证券的市场价格总是充分反映信息。但是这种假设在资产定价领域不断受到质疑：首先，大量的研究表明证券的市场价格往往偏离股票的真实价值；其次，实证数据也显示代理人所想和所决策的并非完全正确。因此，如果市场是非有效的，那么证券的市场价格就会包含非常重要的非理性因素，这些非理性因素会导致企业的权益融资成本和权益融资方式发生变化，进而影响企业的投资行为。

根据 Stein（1996）的市场时机假说，管理者应该利用非理性投资者对公司前景的过度乐观情绪实施股权融资。但是，他同时指出，如果管理者理性且最大化公司财富，那么他应该是只投资于净现值大于零的项目，而拒绝净现值小于或等于零的项目。因此，虽然投资者的非理性行为通过影响公司的股票价格而导致了资本市场的融资条件的变化，管理者可能利用市场时机发行股票或者回购股票，但管理者对投资项目的选择不会受到影响。

借鉴 Stein（1996）的理论分析逻辑，Baker、Stein 和 Wurgler（2003）根据 Kaplan 和 Zingales（1997）的研究构建股权融资依赖指数，并对企业按股权融资依赖程度进行分组。他们的实证表明，投资水平与股价之间存在正向关系，而且股权融资依赖程度越高，企业投资对股价波动就越敏感。他们首次为美国资本市场投资者情绪影响企业投资行为的股权融资渠道提供了经验证据。

国内关于投资者情绪导致的股票定价错误对公司实际投资行为影响的实证分析也取得了诸多有意义的成果。刘红忠、张昉（2004）以换手率作为投资者情绪的代理变量，发现我国上市公司的实际投资支出与公司的成长前景及净财富水平都呈显著正向关系，而与投资者情绪呈显著负向关系。刘端、陈收（2008）分析了不同管理者短视程度下投资者情绪对公司投资的影响，研究发现，管理者短视程度越大，公司投资对市场估价的敏感性也就越高——市场估价越高，公司投资就越旺盛。另外，公司的长期投资决策对非均衡估价所表示的市场错误估价具有更大的敏感性。

2. 管理者非理性下的企业投资行为

正确的投资决策要求企业决策者对投资所产生的未来现金流以及将会碰到的风险做出准确无偏的估计，但行为金融学认为，管理者投资决策存在一个心理过程，管理者处理信息的能力同样并不能达到理性，也同样存在各种各样的认知偏差，管理者的认知偏差使其高估或低估未来的现金流和风险，从而影响公司投资行为。

在理论研究方面，Odean（2002）采用一个简单的资本预算模型，比较了过度自信或乐观的管理者与理性管理者的投资决策，结果发现管理者由于过度自信或过于乐观，倾向于较早地接受并从事项目，而理性管理者由于厌恶风险则倾向于推迟接受项目。Heaton（2002）开创性地提出了一个基于管理者过度自信的投资异化模型，该模型将管理者过度自信、自由现金流变量结合起来，推导出在不同的自由现金流下，管理者过度自信会分别导致过度投资和投资不足。具体结论如下：一方面，乐观心理会使得管理者认为有效的市场低估了企业的风险证券，因而他们会偏爱企业内部资金。当企业依赖于外部资金时，管理者有时宁愿放弃一些净现值为正的项目，也不愿意从外部融资，因为他们认为外部融资成本过高，这样会导致企业投资不足。在这种情况下，自由现金流能充当“拯救者”的角色，纠正这种投资不足。另一方面，乐观的管理者会高估投资所产生的现金流，从而高估投资项目的价值，一些净现值为负的投资项目可能会被他们误认为具有正的净现值。在自由现金流匮乏的情况下，乐观的管理者会放弃一些净现值为负的投资项目。

Malmendier 和 Tate（2005）对 Heaton（2002）的理论进行实证检验，他们发现，管理者的过度自信程度越大，投资和现金流之间的敏感性越高，说明在现金流充足的情况下，管理者的过度自信心理会造成过度投资；而在现金流缺乏的情况下，又会造成投资不足。此外，他们还发现，对于权益依赖型企业来说，管理者过度自信对投资现金流之间敏感性的影响程度更大。

近年来，国内学者就管理者过度自信对企业投资决策的影响也进行了初步与有益的探索。郝颖、刘星和林朝南（2005）对我国上市公司高管人员过度自信与企业投资决策的关系进行了理论分析和实证检验。研究表明：（1）高管人员过度自信行为不仅与投资水平显著正相关，而且投资的现金流敏感性更高。（2）过度自信高管人员投资的现金流敏感性随股权融资数量的减少而上升。（3）在我国上市公司特有的股权安排和治理结构下，过度自信高管人员在公司投资决策中更有可能引发配置效率低下的过度投资行为。王霞、张敏和余富生（2008）通过对 A 股上市公司研究发现，过度自信的管理者更倾向于过度投资，并且对融资活动的现金流敏感性较高，而对经营活动现金流的敏感度不明显，并从我国资本市场的异象和制度背景解释了该问题。

第二节　外部治理环境与企业投资研究现状

公司治理是企业内部机制和外部治理环境的总和，它是一种促使公司控制者（经营者）以公司所有者的利益最大化为原则的内外制度安排。如果把代理成本考虑进去，公司治理的意义就变得非常广泛。一般而言，公司的治理机制包括内部治理机制（如股权结构、董事会结构、经理层激励等）和外部治理环境（包括产品市场竞争、投资者保护、政府干预、金融发展等）。由于外部治理环境是公司内部治理机制发生作用的基础，没有良好的外部治理环境，即使是设计良好的公司内部治理机制，其作用也可能无法得到有效发挥。因此，本节将首先对外部治理环境与企业投资研究现状进行回顾，而在下一节中，将进一步就内部治理机制对企业投资影响的相关文献进行回顾。

一　产品市场竞争与企业投资研究现状

产品市场竞争与企业投资行为的关系研究始于20世纪六七十年代，研究主要围绕两个方面展开：一是市场的不确定性对投资行为的影响；二是产品市场竞争程度对投资行为的直接影响。

国外关于产品市场竞争与投资行为的关系研究大多是基于不确定性角度研究产品市场竞争对投资行为的影响，而研究产品市场竞争程度对投资行为的直接影响的文献较少。

Frederic（1969）对市场结构与投资稳定性之间的关系进行了研究，他们发现，与低集中度相比，当行业的集中度较高时，企业的投资会偏离其目标价值更多，这种差异是企业规模、多样化程度和投资决策正确性的综合作用的结果。他们进一步研究指出，当行业集中度较低而且行业的规模很大时，这种偏离将有很大可能是随机性的。而如果集中度高的行业投资表现出周期性差异，则肯定是他们急于做投资决策的结果。

Christensen 和 Caves（1997）将研究集中于北美纸浆、造纸业的投资竞争，发现市场集中度较小的样本组里，竞争对手预期之外的投资项目宣告会增加最早做出投资决策的公司放弃投资项目的利润。

Smit 和 Ankaan（1993）用期权和博弈论的方法研究企业间的竞争对投资时机的影响，他们分别分析了完全竞争、垄断竞争条件下企业的投资时机的选择，得出如下结论：当企业面临不确定的产品市场需求、较高的利率以及净现值很低的项目时，它们将会推迟投资。投资机会的排他度也会影响企业的投资策略。如果市场上存在很多势均力敌的竞争对手，潜在的进入者会逐渐降低投资项目的价值，此时企业倾向于推迟投资。相反，如果市场被少数的寡头所垄断，如果推迟投资则有可能被替代。

Fudenber 和 Tirole（1984）研究指出，根据企业在产品市场进行竞争的不同类型（战略互补或战略替代）以及过度投资对市场上已存在企业的不同影响（使企业更为强硬或软弱），市场上已存在的企业可能会针对新企业的进入采取策略性过度投资或者投资不足。投资是影响企业产品市场竞争能力的重要因素。同时也有大量学者研究产业因素对企业投资决策的影响。如 Kiyohiko（1991）研究在信息不完全条件下，垄断竞争行业的投资行为。研究认为，激烈的竞争使企业的投资更加不稳定；在不完全信息条件下，竞争引起的投资波动更大。Ghosal 和 Loungani（1996）运用美国制造业的截面数据为样本，研究发现在竞争激烈的行业里，投资受价格不确定性的影响，而对竞争不激烈的行业而言，它们之间是没有显著关系的。这说明产品市场竞争程度对企业投资有重要影响。

Martin（2002）进一步研究发现：（1）对于传统的竞争行业，

企业的投资会降低其利润，竞争对投资具有消极影响；随着产品市场的进一步发展，该行业内竞争实力各不相同的企业相继做出投资决策，市场竞争力最强的企业最先做出投资决策。(2) 在竞争与投资正相关的行业里，企业的投资会增加行业内其他企业的利润，随着产品市场竞争的日益激烈，行业内的企业将同时做出投资决策。

Laarni（2005）研究认为，不确定性与企业投资负相关，同时竞争的存在削弱了这种负相关关系。在竞争激烈的行业里，不确定性与企业投资负相关，但不具有显著性；在竞争性不是很激烈的行业里，行业不确定性和企业特有不确定性与企业投资显著负相关。

在研究产品市场竞争程度对投资行为的直接影响方面，William 和 Carol（2002）加入行业因素后研究了内部现金流与企业投资的关系，他们所使用的样本分别来自 7 个行业。研究发现，在有些行业如能源、建筑业以及批发零售业里投资与现金流之间的相关性更大，在这些行业里它们之间的相关系数是别的行业的两倍。企业在根据现金流量做投资决策时，同时应该考虑行业因素的影响。

与国外基于投资与现金流视角研究产品市场竞争程度对投资行为的直接影响不同，国内研究主要是从过度投资和投资不足等非效率投资角度研究产品市场竞争程度对投资行为的影响。

刘志强（2009）研究发现随着我国产品市场竞争程度的提高，企业的投资不足和过度投资程度均得到有效降低，企业的投资效率得到明显提高。进一步研究发现，相对于投资者法律保护水平较高时，激烈的产品市场竞争在投资者法律保护水平较低时，对企业资本配置效率的提高影响更显著，激烈的产品市场竞争能够弥补法律保护的不足，保护投资者的利益。

张功富（2008）以产品市场竞争为起点，以非效率投资为终点，以公司治理和信息不对称为联结点，将产品市场竞争、公司治理和信息不对称对企业投资决策的影响纳入一个统一的分析框架，探讨了产品市场竞争影响上市公司过度投资和投资不足的路径，并以 2000—2006 年中国工业类上市公司为样本对这些路径进行了实证检验。研究发现：（1）产品市场竞争通过促进公司治理机制的改善来抑制经理层的过度投资。具体而言，随着产品市场竞争的加剧，第一大股东将增加其持股比例，自动约束其“掏空”行为，企业将聘请更多的独立董事，组建更大规模的董事会，加大对非管理层董事的持股激励，这些措施均可以有效地抑制经理层的过度投资。但是该书未发现经理层薪酬和持股激励在产品市场竞争与过度投资关系中的中介效应。（2）产品市场竞争通过改善经营者与投资者之间的信息不对称降低企业的投资不足程度。具体而言，产品市场竞争一方面通过缩小企业可盈余管理空间，另一方面通过促使企业增加自愿披露水平，共同降低企业信息不对称，进而缓解企业投资不足。

二 投资者保护与企业投资研究现状

最近20多年来，学术界对公司治理问题的研究取得了相当的进展，积累了丰富的文献。传统的公司治理研究往往以单个国家的公司为研究对象，由于这些公司在相同的法律体系下运作，因而研究者无法认识到国家之间法律体系的差异对所有权结构、公司治理与金融体制的影响，法律作为外部治理机制的角色在很大程度上受到了忽略。随着20世纪末LLSV对法律与金融的研究，人们逐渐认识到法律在公司治理中扮演的重要角色。LLSV认为，法律体系是重要的外部公司治理机制，投资者法律保护直接影响到上市公司的股权集中度、公司价值、控制权私利、资本成本、股利政策、现金持有等公司财务行为，进而通过资本市场影响实体经济的增长。众多文献的研究表明，公司治理在很大程度上是外部投资者为保护其利益免予被公司内部人攫取的一组制度安排；在法律对投资人利益保护较好的普通法系国家，公司治理机制更为合理，资本在企业间的配置更有效率；而在法律对投资人保护较弱的大陆法系国家，企业具有更高的股权集中度，并受强制性股利政策的约束。至于对企业投资而言，在好的制度环境下，一方面，个人产权能够得到强有力的法律保护，减少了其事后利益被侵占的风险，由此鼓励和刺激了投资和创新；另一方面，投资者法律保护越充分，资本市场越发达，新企业家的融资越便利。因而投资者法律保护通过便利新企业家融资，从而可以有效缓解投资的融资约束问题。

尽管国内外学者就投资者法律保护对公司财务行为影响做了大量的研究，但涉及投资者法律保护对企业投资行为影响的研究文献相对较少，这些研究主要集中在投资者法律保护对投资激励、投资绩效、过度投资与投资不足等非效率投资行为以及对多元化投资的影响等几个方面。

在投资者法律保护与投资激励关系上，新制度经济学强调产权制度通过影响投资激励而影响经济增长，在投资收益被掠夺的可能性很高的情况下，没人有投资的激励。来自东欧转轨国家的经验证据表明，一方面，法律制度对产权保护不充分降低了企业的投资激励，比如，Johnson、McMillan 和 Woodruff（2002）发现不充分的产权保护环境降低企业利润再投资的激励。另一方面，在法律未能提供充分产权保护的情况下，企业会通过投资行为的调整来适应企业所处的产权保护环境。比如，Claessens 和 Laveven（2003）发现，在法律制度不能为产权提供充分保护的情况下，企业会把更多的资产配置在固定资产中，从而导致无形资产配置不足，原因在于无形资产的保护更加困难。

在投资者法律保护对投资绩效的影响方面，Mueller 和 Yurtoglu（2000）发现，一国的法律环境对公司投资业绩有着显著影响，那些以英国法系为起源的普通法系国家中的公司投资业绩要显著好于成文法系国家。

在投资者法律保护对过度投资与投资不足等非效率投资行为影响方面，企业的非效率投资行为受到委托—代理问题的影响，而减少管理者与股东之间委托—代理成本的有效方法之一就是投资者法律保护。La Portal（2000）等研究发现在有效的投资者法律保护下，中小股东将使用法律权利迫使公司“吐出”现金，以阻止内部经理人或控股股东使用太高比例的公司盈利来获取私利，投资者法律保护越好股利支付率越高，因此降低了公司将自由现金流投资于净现值为负的项目上的可能性。Albuquerue 和 Wang（2008）通过构建模型，研究在投资者保护不完善的情况下，资产定价与福利的含义。此模型认为，投资者保护越弱的地方，越有动机进行过度投资。魏明海和柳建华（2007）以 2001—2004 年国有上市公司为样本，实证检验了我国国有上市公司现金股利政策与企业过度投资之间的关系及治理因素对这种关系的影响。研究结果支持了当前国有上市公司的低现金股利政策促进了过度投资的假说，并且发现在执法水平越高的地区，国有上市公司通过低现金股利政策来从事过度投资行为的可能性越小。刘志强（2009）从理论上分析了投资者法律保护对企业的资源配置效率（过度投资与投资不足的程度）影响，认为随着我国投资者法律保护体系的不断完善，相关监管部门对上市公司的监管也日益严厉，管理层由于工作懈怠导致的投资不足或者通过过度投资来获取控制权私有收益的风险和成本也逐渐增加，他们面临股东法律诉讼的可能性也大大增加，为了减少个人风险，他们更倾向于做出理智、科学的投资决策，积极提高管理和经营效率。在上述理论分析的基础上，作者以 2001—2004 年在沪深证券交易所制造业上市公司作为初始研究样本，实证检验投资者法律保护对企业的资源配置效率（过度投资与投资不足的程度）影响。研究表明，投资者法律保护水平与过度投资和投资不足呈显著负相关关系，这一结果说明投资者法律保护越好，企业的过度投资和投资不足程度越低，资本配置效率越高。

在投资者法律保护与多元化投资关系上，制度与组织观认为企业多元化是对所处制度环境理性适应的结果。产权保护制度是企业发展过程中面临的最为重要的制度环境之一，那么根据制度与组织观的理论预测，投资者法律保护环境可能是影响企业多元化动机的重要因素。胡旭阳（2008）通过一个理论模型来分析投资者法律保护如何通过资本转化阻隔机制来促进民营企业多元化投资，模型的结论表明，一方面，在其他条件不变的情况下，投资者法律保护越充分，企业进行多元化投资的可能性越小，而投资者法律保护越不充分，企业多元化程度越高。因此，从法与金融研究角度看，不同国家投资者法律保护的差异在一定程度上可能有助于解释不同国家企业多元化程度的差异。另一方面，投资者法律保护对企业多元化投资的影响还与具体的产业特性有关。新进入者承担的进入成本越低越接近，那么只有在投资者法律保护非常充分的情况下，企业才不会多元化投资；相反，当新进入者需要承担非常昂贵的进入成本时，投资者法律保护的影响就不大。此外，一个行业处于规模报酬递增阶段，投资者法律保护对企业多元化投资决策的影响不敏感。

从上述有关投资者法律保护对企业行为影响的文献回顾中可以看出，国外学术界对投资者法律保护对企业投资行为的研究较为充分和完善，涉及企业投资决策的各个方面，如投资激励、投资绩效、过度投资与投资不足等非效率投资行为等，而国内学术界对此的研究才刚刚起步，仅仅研究了中国的投资者法律保护对过度投资与投资不足等非效率投资行为、多元化投资两个方面的影响，很多其他方面的企业投资行为尚未涉及。但国内外研究文献的结论基本一致，即投资者法律保护是一种重要的治理机制，良好的投资者法律保护可以提升公司价值，减少代理成本，降低公司的资本成本，提高资本配置效率。

三　政府干预与企业投资研究现状

自20世纪70年代起，从金融经济学的角度研究政府干预问题成为西方发达国家学术界的一个热点，被誉为金融经济学“最激动人心的领域之一”。众多学者的努力使政府干预的相关研究不断发展和完善，他们的研究为本书的研究奠定了坚实的基础。

关于政府干预对企业行为的影响研究方面，较多的是考察政府行为与业绩关系（徐晓东、陈小悦，2003；夏立军、方铁强，2005）。近年来，一些学者也开始为政府行为影响企业经营活动提供证据（曾庆生、陈信元，2006；陈信元、黄俊，2007），但直接研究我国政府干预与公司投资行为的文献极少。江锋（2006）研究发现，地方政府控制和干预显著地提高了当地上市公司的投资。魏明海和柳建华（2007）以2001—2004年国有上市公司为样本，实证检验了我国国有上市公司现金股利政策与企业过度投资之间的关系及治理因素对这种关系的影响。研究发现，政府对企业干预程度越严重的地区，政府就越有可能促使企业从事过度投资的行为以满足政绩考核的需要。周业安（2003）与郭庆旺和贾俊雪（2006）等都指出，行政分权和财税体制改革为地方政府干预经济提供了动力，其结果是导致地方政府尽可能地要求地方企业加大投资，以提高本地GDP和财政收入。Shleifer和Vishny（1994）认为，在国有企业中，政府官员会基于自己的政治立场，利用自己掌握的权力对企业资源进行有目的的低效投资或转移。杨华军和胡奕明（2007）在构造出自由现金流和过度投资计量的基础上，以在我国沪深交易所交易的非金融类企业的2000—2004年数据为样本，考察了地方政府控制、地方政府干预对自由现金流过度投资的影响。本书的研究发现，地方政府控制和地方政府干预显著地提高了自由现金流的过度投资。这种分析为地方政府控制和干预对企业投资行为的影响提供了更深入的证据。

程仲鸣、夏新平和余明桂（2008）认为，就中国上市公司投资决策而言，面临着不同于西方发达国家的特征——地方政府对公司经营活动的干预。他们还对地方政府及其官员干预其投资活动的三大动机进行了深入分析。第一，政府的社会目标动机。地方政府面临的现实任务是促进经济发展、增加财政收入、改善社会福利及维持社会稳定。政府既有动机又有能力将其自身的社会性目标或政治目标内部化到其控制的上市公司中，比如，政府要求上市公司积极参与地方经济建设，进行能源、交通等基础项目投资；或利用上市公司的融资渠道收购兼并地方国企，帮助其脱贫解困，以缓解财政赤字和降低地区失业率。第二，政府官员的政绩动机。政府官员有其政治晋升诉求，而考核其政绩的重要指标之一就是GDP和财政收入（周黎安，2004；Li and Zhou，2005）。因此，利用投资来追求公司的扩张就成为增加 GDP 或财政收入增长的重要途径。第三，政府官员的“寻租”动机。政府官员不仅有其政治晋升诉求，还有其个人利益。“寻租”就是政府官员追求个人效用最大化的直接表现，而政府官员“寻租”行为进一步恶化了国有企业资本配置的效率(Shleifer, 1998)，为了获取个人私利，国有企业可能被迫投资于便利政府官员索贿的项目，而不是经济上可行的项目（Shleifer and Vishny, 1993）。在对政府干预影响企业投资决策的动机进行理论分析的基础上，程仲鸣、夏新平和余明桂（2008）以 2002—2006 年中国地方国有上市公司为样本，实证检验了政府干预对投资过度与投资不足的影响。研究发现，地方国有上市公司存在因政府干预而导致的过度投资现象，仅有微弱的证据表明政府干预与投资不足有正相关关系。

四　金融发展与企业投资研究现状

虽然金融发展与经济增长的关联性是发展经济学中备受瞩目的领域。但长期以来，金融发展对经济增长的作用在西方经济学界一直存有激烈争论。金融发展是不是促进经济增长的一个关键因素？就这一问题的讨论，西方学者从不同的角度和研究方法上得到的答案并不一致。例如，作为“肯定论”的代表，Bagehot（1873）最早将经济体内资本配置效率的高低和金融部门发展程度联系起来，认为金融体系通过改善资本流动性在英国的工业化过程中发挥了至关重要的作用。与之相反，Robinson（1952）把金融发展看作是企业扩张被动的随从。Lucas（1988）认为，金融是经济增长中被过分强调的决定因素，完全可以不予考虑。显然，“否定论”观点认为，金融发展并不是引起经济增长的原因，它只能被动响应“实际部门”的需求变化。上述研究均仅仅考察金融发展和经济增长两者的总体相关性本身，而没有从微观的视角揭示产生这种影响的传导途径和机制。Rajan 和 Zingales（1998）以及 Love（2001）认为，金融市场促进经济增长的传导机制在于一个发达的金融市场能够降低企业面临的融资约束，减轻企业的融资压力，降低市场交易的成本，提高投资的效率，从而推动经济的发展。因此，国外学者着眼于金融发展与经济增长的关系，从企业投资角度就金融市场促进经济增长的传导机制进行了相应的研究。

Love 和 Zicchino（2006）以 1988—1998 年 36 个国家的 8000 家公司的数据为样本，采用面板自向量回归方法对金融发展与企业投资决策之间的关系进行实证分析，研究发现，内部资金的可获得性对于解释那些金融系统不发达国家的投资行为是非常重要的，并且与具有高金融发展水平的国家相比，低金融发展水平的国家其投资对现金流的敏感性更高。

Becker 和 Sivadasan（2006）以大部分欧洲经济国家的跨国数据为样本，考察金融发展对公司融资约束的影响。他们的研究发现，对于那些有着较发达金融市场的国家而言，其公司面临的投资对现金流的敏感性也相对较低。

Harris、Schiantarelli 和 Siregar（1994）使用印度尼西亚厂商 1981—1988 年的数据为样本，检验金融自由化（1983）前后企业投资对现金流敏感性及负债比例系数是否有显著变化。他们认为，资本市场随着金融发展越趋于完善，投资对现金流敏感性及负债比例系数越低。实证结果发现，小企业的两个系数在 1983 年以后显著减小。这表明，金融发展使小企业的投资更不需要依赖内部资金，由负债比例所反映的杠杆程度对投资的影响也逐渐变小。

Bond、Elston、Mairesse 和 Mulkay（2003）以 1978—1989 年比利时、法国、德国和英国制造企业的面板数据为样本，检验每个国家金融因素对企业投资的影响。他们发现，英国企业的现金流和利润在统计上和数量上要明显高于欧洲大陆的三个国家，并且显示在相对受市场导向更多的英国金融体制下，投资上所面临的融资约束更为严重。

Wurgler（2000）分析了 65 个国家 28 个工业行业 33 年的制造业面板数据，发现与发展中国家相比，发达国家之所以发达并非由于它吸收了更多的投资，而是由于发达国家的资本配置效率明显比发展中国家高，即发展中国家很大程度上没有能够有效地利用资金，而且认为国家之间资本配置效率之所以不同，金融市场在其中起到了很大的作用，发达国家之所以资本配置效率较高是由于拥有发达的金融市场。

自改革开放以来，我国的金融市场有了较大的发展，但是各地区的发展水平却呈现出较大的差距。从樊纲和王小鲁（2004）编制的中国各地区市场化指数可以发现，地区之间的金融业市场化程度、金融业竞争程度以及信贷资金分配的市场化程度都存在很大的差异，这些都说明目前我国各地区金融业的发展还处于一个参差不齐的水平。这样的金融环境却为检验我国金融发展和企业投资之间的关系提供了难得的机会，并且已有一些学者在这方面进行了一些有益的探索。

韩立岩等（2002）同样运用 Wurgler 提出的统计方法，通过对中国工业部门 39 个行业的数据进行计量分析，得出结论表明，我国资本配置效率的整体水平很低，并在 20 世纪 90 年代末出现恶化的迹象。书中还分别用金融市场的各个运行指标为解释变量对资本配置进行回归，结论表明，我国金融市场发展对于资本配置效率的促进作用不显著。

方军雄（2006）使用修正的 Wurgler（2000）方法研究发现，我国金融市场发展程度变量与行业投资反应系数显著正相关，即金融市场越发达，在“上升”行业追加投资的幅度越大，在“下降”行业减少投资的幅度越大，即资本配置效率越高。

朱红军、何贤杰和陈信元（2006）利用上市公司的数据，实证检验了在我国转型经济的特殊制度背景下，金融发展促进经济增长的微观传导机制是否存在并发挥作用以及影响这种作用发挥的制度性因素。研究结果发现，金融发展水平的提高能够减轻企业的融资约束，降低企业投资对内部现金流的依赖性。但是，预算软约束的存在扭曲了国有企业面临的真实的融资约束，使其投资对内部现金流的依赖程度要明显低于民营企业，并且这种软约束的存在还减弱了金融发展对国有企业所带来的积极作用，产生了“漏出”效应。

张春田（2008）的研究表明，在我国转轨经济的特殊制度背景下，企业的融资约束及投资行为会同时受到金融发展水平和预算软约束的影响。金融业的发展能够缓解企业的融资压力，降低企业融资约束的程度，从而使企业投资对内部现金流量的依赖性下降。但与此同时，预算软约束的存在扭曲了国有企业面临的真实的融资约束，使得其投资对内部现金流的依赖性要小于民营企业，而金融发展水平的提高能够缩小这一差距。他们的研究还发现，即使在国有企业内部融资约束的程度也与软约束的预期呈负相关的关系，软约束预期越强的企业受到的融资约束越小，其投资对内部现金流的依赖性也相应越小。另外，金融发展对企业投资行为的影响程度也受到预算软约束的影响。在软约束预期强的国有企业，金融发展所带来的减轻企业融资约束与降低投资行为对内部现金流量依赖性的作用要比民营企业小。

杨华军和胡奕明（2007）在构造出自由现金流和过度投资的计量的基础上，以在我国沪深交易所交易的非金融类企业的2000—2004年数据为样本，考察了金融发展对自由现金流过度投资的影响。该书的研究发现，金融发展降低了自由现金流的过度投资。该发现为金融发展对投资现金流敏感性的影响机制提供了进一步的证据，意味着金融发展可能不仅仅如以往文献所说的在于降低企业的融资约束，也能通过降低企业的自由现金流的过度投资来提高资本配置的效率，即不仅存在“希克斯效应”，同时也存在“熊彼特效应”。

第三节　内部治理机制与企业投资研究现状

现代公司制是以企业所有权和控制权相分离为基础的，以委托—代理关系为纽带，以公司治理机制为保障的一种制度安排。在这种制度安排下，由于代理人的收益不直接与委托人的股权收益相联系或联系很少，从而引致所有者与管理者的目标存在分歧，尤其是当公司存在自由现金流量时，管理者的机会主义行为会更加严重。为了保证代理人的利益目标与委托人的目标趋于一致，股东必然会设计一系列的公司治理机制对代理人行为进行监督。因此，有效的公司治理也应该制约企业的非效率投资行为。在公司内部治理中，股权治理、董事会治理和经理层激励是三个重要方面。下面本节将从股权结构、董事会结构和经理层激励这三个内部治理机制对上市公司投资行为影响的相关文献进行回顾。

一　股权结构与企业投资研究现状

从广义上来说，股权结构包括股权性质、股权集中度两个方面，关于股权结构对企业投资行为影响的研究也正是从上述两个维度展开的。

1. 股权性质与企业投资研究综述

已有的大量经验证据表明，股权性质在代理问题的产生与解决，以及所有权的行使方式上的差异十分显著，对公司决策与绩效产生的影响也不尽相同。由于我国上市公司股权性质呈现出显著的多样化特征，在研究中，对不同所有权性质的上市公司加以区分，具有重要的现实意义。

黄福广、周杰和刘建（2005）研究股权性质对管理者机会主义投资的影响，认为国有股具有产权超弱控制和行政超强控制的特点，不利于对管理者机会主义进行监控，加上银行对国有企业资金具有软约束作用，国有企业存在投资过度现象。非国有股东对经济利益的追求形成对管理者机会主义的严格监控，投资过度现象不明显，甚至由于银行对这类企业资金存在硬约束作用，可能导致这类企业出现投资不足。饶育蕾和汪玉英（2006）以2001—2003年非金融类上市公司为样本，研究大股东性质对公司投资的影响，发现不同性质的第一大股东对公司投资影响有着不同的表现，第一大股东是国家时，持股比例与投资现金流敏感度之间呈现负相关关系，第一大股东是国有法人时，敏感度则相对降低。这说明与国有法人相比，国家作为第一大股东时，委托人身份的不明确导致更明显的最终所有者缺位现象，因而产生更严重的内部人控制问题，导致更大并且更为显著的投资现金流敏感性。支晓强和童盼（2007）以1999—2004年上市公司数据为样本，研究管理者业绩报酬敏感性与投资现金流敏感性的关系。发现在国有控股公司中，随着业绩报酬敏感度的增加，投资现金流敏感性先增加后减小。而在非国有控股公司中，随着业绩报酬敏感度的增加，投资现金流敏感性先减少后增加。说明在国有控股公司中，投资现金流敏感性主要是由信息不对称问题引起的，而在非国有控股公司中，投资现金流敏感性主要是由自由现金流问题引起的。张栋、杨淑娥和杨红（2008）以1999—2005年的上市公司为研究样本，考察了我国上市公司股权性质与企业过度投资之间的关系。研究发现，相对于非国有控股公司，国家作为控股股东的上市公司存在着明显的过度投资倾向。徐晓东和张天西（2009）从自由现金流的过度投资入手，发现第一大股东的性质为国家股的公司较为严重的代理问题导致更多的自由现金流被滥用于过度投资。

国有产权按终极控制人的不同，还可以进一步划分为中央控股和地方控股国有企业，国有产权的实际持有和行使主体不相同，导致国有企业内部投资决策方面存在差异。与中央控股企业相比，地方政府更具有自利动机，投资过度严重。张翼和李辰（2005）分析股权性质对投资现金流敏感性的影响时指出，在地方政府和一般国有企业控制的公司存在显著的自由现金流投资过度问题，而在中央部委、境内非国有实体和自然人最终控制的公司中没有发现自由现金流代理问题。安灵、刘星和白艺昕（2008）关于终极所有权性质对投资影响的研究认为，在中央部委直属企业中，随着控股股东持股比例的增加，其对管理者的投资过度行为约束作用加强，以致可能会产生投资不足的问题，而在县市级上市公司中，企业受到地方政府利益驱使，其追求过度投资的倾向与控股股东持股比例间存在正相关关系。而在民营企业中，控股股东受到堑壕效应和利益趋同效应的双重影响，其持股比例与投资过度之间存在倒“U”形关系。程仲鸣和夏银桂（2009）以中国不同产权性质的控股股东的私利存在差异为制度背景，对控股股东影响过度投资的机制与治理作用进行分析，并以2002—2006年中国上市公司的数据为样本进行检验。结果发现，正自由现金流易导致过度投资，并且，相对于中央政府及非政府控制的公司，地方政府控制的公司正自由现金流更易引发过度投资现象。对控股股东抑制过度投资的研究则表明，在地方政府控制的公司中，随着持股比例的增加，控股股东抑制过度投资的效果较差，存在“溢出”效应。作为控股股东的地方政府，其干预行为影响了公司投资扭曲，并且也削弱了控股股东对过度投资治理作用的发挥。

关于股权性质与投资关系的文献研究表明，性质不同的股权在代理问题产生方式及解决途径方面，以及所有权的行使方式方面存在显著差异，对企业投资决策的影响也不同。不仅是国有企业和民营企业之间存在这种差异，在国有企业内部，终极控制权的主体不同，企业投资行为也存在差异。

2. 股权集中度与企业投资研究综述

股权集中度如何影响企业投资行为呢？这归根结底属于委托—代理问题。不同的股权集中度决定了不同的公司代理问题类型。当公司所有权较为分散时，公司代理问题主要表现为股东与管理者之间的利益冲突（第一类代理问题）。股权的适当集中能够降低股权分散而带来的管理层监督不足问题。但是，当股权集中度高到一个所有者就能有效控制公司时，代理问题就会从管理者与所有者之间的利益冲突转向控股股东与少数股东之间的利益冲突（第二类代理问题）。因此，在企业投资决策中，如果大股东对公司不存在决定控制权且面临其他股东制衡时，大股东与管理者共谋的可能性较小，由于面临其他股东的监督，大股东有较强的激励去监督管理者，因为他们可以从公司绩效的改善中获得更多的监督收益。这就是股权集中度的积极监管效应。由于这种效应的存在，大股东会投入更多的精力对管理者进行监督，从而有效抑制管理者由过度投资而产生的非效率投资行为。但是，当大股东通过高额持股而拥有绝对的控制权时，大股东受到其他股东的监督就会相应弱化，此时，大股东就有动机通过管理者实施有利于自己但损害其他股东利益的活动，如通过关联交易、多样化投资等，把公司资源转移出去，从而损害公司及小股东的利益。留存在公司内部的现金流越多，这种非效率投资越容易发生。

当前，国内外文献主要还是从控股股东与管理者、中小股东代理关系角度，研究控股股东持股与企业投资之间的关系。这类研究通常从股权集中度角度进行分析，原因在于股权集中程度不同，控股股东与企业各行为主体的关系发生变化，在投资决策中发挥作用也不同。

（1）基于第一类代理问题的股权集中度对企业投资的影响研究。自 Jensen 和 Meckling（1976）对分散型所有权结构下，股权分散且相对弱势的外部股东和公司经理之间的代理冲突对于企业投融资决策和公司价值影响的开创性研究以来，国内外学者对分散型所有权结构公司治理模式下的股东与经理之间的代理冲突的表现及其经济后果进行了大量的研究。

在分散型所有权结构下，所有权与经营权相分离，经理持股比例相对较低，导致其对企业的剩余索取权较少，但享有的企业控制权大于剩余索取权。由于道德风险与契约不完备性，经理存在的自利性动机，并且经理出于人力资本声誉和职业安全偏好的考虑，因而，经理与股东在投资目标与风险态度上存在较大差异。经理与股东的代理冲突体现在投资行为上，往往表现为投资的非效率。企业投资是基于经理的私利而非股东价值最大化目标，企业的投资容易表现为投资不足或投资过度。经理基于帝国建造、声誉和职业安全偏好等方面的考虑所导致的代理冲突是最为常见的。

Jensen（1993）研究指出，帝国建造偏好使经理将企业的资源用于投资项目中，当企业存在着大量自由现金流量时，经理的规模偏好有可能导致他们将企业的自由现金投资于为其带来非货币收益的企业投资规模扩大的项目上，从而导致企业过度投资行为的发生。所以，经理的帝国建造倾向，可能导致投资随着内部现金流的增加而增加。

Holmstrom 和 Costa（2006）研究表明，基于职业安全方面的考虑可能会导致管理者不愿投资新的项目，因为新项目的业绩将揭示管理者能力的信息，如果管理者不投资，那么市场就无法根据相关信息对管理者的能力做出判断。

Baker（2000）认为，管理者倾向于维系自己以往投资形成但目前经营业绩较差的项目，而不是将其清算或退出。因为清算或退出都表明了管理者以往投资决策的失败。可见，基于职业安全的考虑，管理者既可能投资不足，也可能过度投资。

基于上述认识，不少学者指出，在分散型所有权结构下，大股东的出现，有利于缓解股东与经理之间的利益冲突，缓解小股东的“搭便车”问题，从而相应地缓解经理人利益主导下的非效率投资行为（Shleifer and Vishny，1986），相关实证研究也大多沿袭这一思路展开。

Pound（1988）以美国上市公司 1981—1985 年发生的 100 次大的代理权争夺为样本研究大股东的投资效率，结果显示，大股东试图选择自己适当的管理者来控制公司，并对管理者的活动实施有效的监督，以实现股东投资回报的最大化，从而减轻公司的过度投资问题。

Devereux 和 Schiantarelli（1990）研究证实分散股权结构存在管理者投资过度行为，发现企业规模越大，投资现金流相关性越高，说明存在投资过度现象，其原因在于大企业具有更分散的股权结构，管理者受股东制约较弱，代理问题更严重。

欧阳凌、欧阳令南和周宏霞（2005）采用规范分析方法研究股权的市场结构对投资的影响，认为在完全竞争股权结构和完全垄断股权结构中，控股股东持股比例的集中有利于抑制管理者投资过度行为，而具有一定股权集中度的分散型股权结构和垄断型股权结构，能有效降低投资行为扭曲的整体代理成本。

（2）基于第二类代理问题的股权集中度对企业投资的影响研究。传统的委托—代理理论旨在关注分散所有权结构下，控制权和所有权分离所导致的股东与经理、股东与债权人之间的利益冲突，由此导致的投资不足和过度投资等非效率投资行为。但是，随着大股东持股比例的增加，股东与经理之间的代理冲突会有所缓解，甚至会因大股东与小股东的代理冲突的凸显而退居次要地位。当大股东持股比例高于某一临界值时，大股东有足够的控制力，实施有利于增进其私人收益的投资行为，侵害小股东的利益，即所谓的“堑壕效应”。

Haid 和 Weigand（1998）使用德国公司的分组样本研究发现所有权相对集中的公司，存在过度投资证据，而所有权结构相对分散，且由管理者控制的公司没有显示过度投资证据。这也从一个角度说明，相对于分散型所有权结构，股权集中度的提高并非一定可以降低代理成本，因为所有权集中度的提高，在大股东的监督作用下，降低第一类代理成本的同时，也可能因大股东对控制权私有收益的追求带来第二类代理成本，总的代理成本取决于两类作用的此消彼长。

La Porta 等（2000）的研究表明，去除股权同质性假定后，在所有权集中条件下，由于公司现金流权和控制权的分离，控股大股东将会有强烈的动机使公司的投资行为与股东利益最大化目标发生偏移，通过企业的非效率投资行为获取控制权私人收益，侵害中小股东的利益。

Claessens 等（2000）认为，控制权私有收益的存在是所有权集中状态下企业产生非效率投资行为的重要动因。

Dyck 和 Zingale（2004）针对控制权收益的跨国比较后发现，控制性资源的聚集规模越大，控股股东就越有可能通过控制更大规模的资源在时间和空间维度上的分配，制定有利于自身利益目标的投资决策。

刘朝晖（2002）的研究发现，控股股东通过关联交易等方式进行外部套利从而获取控制权私有收益是上市公司非效率投资的根本动因之所在。

何源、白莹和文翘翘（2007）认为，集中型所有权结构下，大股东控制一方面降低了股东与经理人之间的代理成本，但是另一方面大股东也可能为谋取私有收益而扭曲公司的投资行为，具体表现为过度投资。其构建的模型分析认为，控股股东持股比例越高，因谋取私有收益而导致过度投资的趋势就越弱。同时，他们也提出负债融资能够抑制控股股东的过度投资行为，尤其是来自控股股东具有很强谈判能力的债权人的融资，从而有效保护中小股东的利益。

刘星、窦炜（2009）的研究发现，基于对控制权私有收益的追求，过度投资与投资不足两种非效率投资行为同时存在于大股东控制条件下的企业投资行为之中。

二　董事会结构与企业投资研究现状

代理理论认为所有权与经营权的分离，使经理人员掌握了企业的控制权。经理人员掌握着企业资源的分配权与信息流，股东所能获得的信息则是由管理层控制下编制的财务报告，二者信息不对称使得代理矛盾加剧，管理层有动机利用其所掌控的资源及信息，以损害股东利益和企业价值为代价，实现个人利益最大化。在这种情况下，董事会被认为是缓解所有权与经营权相分离所产生的代理问题的有效机制（Fama and Jensen，1983）。因此，董事会成为理论界和实务界广泛关注的焦点，大量关于董事会职能、效率的研究出现在关于公司治理、资本市场绩效研究的文献之中，而影响董事会职能、效率的主要因素是董事会成员组成的差异，即董事会结构。因此，早期关于董事会的研究着重于董事会结构差异及其对股东利益和企业价值的影响。近年来，国内外学者就董事会结构在企业投资决策方面的治理效应进行了一定的研究。

Hans Degryse（2001）以132家荷兰公司1993—1998年的数据为样本，运用2SLS方法检验公司治理特征变量与投资的关系。通过把公司分成低Q值和高Q值公司，他发现在低Q值公司中，董事会结构、接管防御变量、内部股权与负债等公司治理特征都显著影响企业过度投资行为，而大股东、股利支付政策、银行持股和CEO更换不影响企业过度投资行为。

刘昌国（2006）从自由现金流的角度研究了上市公司的过度投资行为，并探讨了独立董事制度、机构投资者持股和经理人员持股三个治理机制抑制自由现金流的过度投资行为的有效性。研究发现，从整体上来看，我国上市公司的独立董事制度、机构投资者持股和经理人员持股三个治理机制在抑制自由现金流量的过度投资行为上功能较弱，有待于进一步完善。

唐雪松、周晓苏和马如静（2007）以2000—2002年数据为样本，研究中国上市公司是否存在投资过度及其制约机制问题，发现独立董事并未发挥其应有的作用。

李丽君和金玉娜（2007）从控制权制衡角度出发，构建以股东、董事会、监事会和债权人四方为主的过度投资行为制衡模型，研究我国上市公司控制权制衡、自由现金流量与过度投资行为之间的关系。研究发现，由于上市公司董事会独立性仍然较小，限制了董事会的监督能力，董事会对经理人的过度投资行为的制衡作用没有充分发挥出来。

三 经理层激励与企业投资研究现状

投资决策是决定公司价值创造的重要因素之一，由所有权与经营权相分离所导致的代理问题会影响高管人员的投资决策，导致高管人员过度投资或投资不足。Jensen（1986）提出经理利用企业现金流投资于净现值为负的项目，由此产生了过度投资行为。因为他们可以从控制更多的资产中获得私人利益。相反，Myers和Majluf（1984）则认为由于信息不对称，经理会放弃一些净现值为正的项目，产生投资不足。然而Amihud和Lev（1981）认为，股东与经理在投资方面的冲突源于风险偏好的不同，对风险的不同态度可能导致过度投资或投资不足，通常经理是投资不足的。因为经理从投资中所获取的剩余收益可能与其所承担的潜在成本不对称，经理不能获得投资所创造的全部收益，但却要承担投资失败所带来的个人职业风险。

良好的激励机制应该有助于缓解经理自利行为引发的代理问题（Jensen and Meckling，1976；Smith and Watts，1992）。相应地，经理激励契约之于公司投资决策而言，一方面应该能够推动经理接受那些净现值为正的投资项目，缓解投资不足问题；另一方面应该有助于协调经理利益与股东利益，从而促使经理放弃净现值为负的投资项目，抑制经理的过度投资冲动。

但是，对于国内外公司治理的实践而言，经理激励契约是否发挥缓解投资不足或抑制过度投资的治理效应，却尚未达成一致的结论。Aggarwal 和 Samwick（2006）则从经理股权激励、资本投资和企业价值三者关系的角度讨论和检验了激励契约之于资本投资的治理效应。他们认为，如果随着激励增强，资本投资和企业价值均随之上升，则支持了投资之于经理的私人成本理论；反之，如果随着激励增强，企业价值和资本投资的变动方向相反，则与投资之于经理的私人利益理论相符。通过收集美国上市公司 1993—2001 年的数据，Aggarwal 和 Samwick（2006）的经验证据支持了投资之于经理的私人成本理论，即投资不足理论。

辛清泉、林斌和王彦超（2007）从我国不同股权类型上市公司经理薪酬契约安排存在差异这一特殊的制度背景出发，对经理薪酬失效影响投资过度和投资不足的机制进行了理论分析，并以我国 2000—2004 年上市公司的经验数据为样本进行了实证检验。结果发现，就上市公司整体而言，有更多的证据表明，经理薪酬过低导致了投资过度现象，而仅有微弱的证据支持薪酬过低导致投资不足这一假说。进一步研究表明，在中央国企和私有产权控制的上市公司中，没有发现其经理因为薪酬契约失效而导致的代理问题。只有在国有资产管理机构和地方国企控制的两类公司中，才存在经理薪酬过低而引发的投资过度现象。

第四节　企业投资效率研究现状

目前，国内外关于投资效率度量问题更多的是在宏观经济理论中进行探讨的，此时的投资效率也被称为“宏观投资效率”。然而，对于企业层面上投资效率的评价方法还比较粗糙，一般是以类比宏观投资效率的度量方法进行计算。尽管目前实证研究中度量特定公司投资效率的替代指标包括平均托宾Q比例、资本成本及资本成本率与投资报酬率之比等，但是目前越来越广泛用于较直接又全面度量特定公司投资效率的指标主要包括边际托宾Q模型、Wurgler（2000）模型和Richardson（2006）模型。

Durnev等（2004）以美国上市公司行业数据为样本，运用边际托宾Q模型度量公司投资效率，结果发现，从行业的角度来看股价里包含的上市公司特质信息与公司投资效率显著正相关。Risberg（2006）以9个欧洲国家1990—2003年上市公司为样本，运用边际托宾Q模型度量公司投资效率，结果发现盈余及时性和投资效率间的关系是呈先凸后凹的形状。

Wang（2003）以1967—2000年美国上市公司为样本，直接运用Wurgler（2000）模型和Richardson（2006）模型来度量公司资本配置效率，结果发现行业和公司层次的资本配置效率与会计信息质量显著正相关。方军雄（2006）使用修正的Wurgler（2000）的方法对我国的研究发现，金融市场发展程度变量与行业投资反应系数显著正相关，即金融市场越发达，在“上升”行业追加投资的幅度越大，在“下降”行业减少投资的幅度越大，即资本配置效率越高。

向凯（2009）以我国A股上市公司为样本，采用非线性操控应计额估计模型计量财务报告质量，以Richardson（2006）模型计量投资效率研究财务报告质量对投资效率的影响，进而检验会计信息是否具有定价和治理功能。研究结果表明，不考虑融资约束和现金过剩因素，财务报告能缓解投资不足和过度投资；当公司面临的融资约束程度严重，财务报告不能缓解投资不足；当公司面临的现金过剩程度严重，财务报告能有效地抑制过度投资。总体而言，我国上市公司提供的会计信息具有治理功能但尚未发挥定价功能。

但是，企业投资效率评价是一个多维度的问题，需要涵盖处于不同发展阶段的、不同类型的多个目标，因此上述的方法缺乏系统性和综合性。虽然有些研究将非参数方法引入到投资效率评价中，如康梅（2007）利用技术效率评价在（k，y）的投影来建立企业层次上综合投资效率的评价方法。但只能对投资效率做简单的评价，不能根据评价结果提出改善投资效率的可行途径。

随机前沿分析（Stochastic Frontier Analysis，SFA）是以相对效率概念为基础对同类多指标投入、多指标产出经济系统的相对有效性进行评价的一种方法，该方法不必确定输入、输出之间关系的显性表达式，排除了很多主观因素的影响，具有很强的客观性，因此，SFA 方法作为最典型的非参数方法被广泛应用于各类系统的效率评价中。鉴于此，本书采用 SFA 方法对企业投资效率进行较为全面、准确的评价。

第五节　国内企业投资相关研究评价

目前国内学者已经认识到对我国企业投资行为进行研究的重要理论和现实意义，并且对我国上市公司投资行为与投资效率问题进行了大量的研究，但是，既有研究往往将所有上市公司作为一个整体进行研究，无论是在方法上还是结论上都还远远没有形成成熟的理论体系，这些都需要有志于企业投资理论研究的学者和研究者们站在前人已有研究成果的基础上进行不断的发展和完善，最终建立起适合我国转轨经济时期企业投资决策行为的理论体系，为我国企业进行有效率的投资决策提供理论支持。

从目前国内的相关研究来看，尚存在如下一些有待商榷之处，可以在下一步的研究之中不断完善和深入：

（1）我国上市公司中既有国有企业上市形成的国有控股上市公司，又有民营企业上市公司，这两类上市公司的投资行为影响因素以及影响方向大不相同，甚至刚好相反，将两类相反方向的数据放在一起进行数据分析，就势必容易造成研究结论的不一致。而在我国上市公司中，国有控股的上市公司约占股票市场的70%以上，国有控股上市公司的制度安排在我国普遍存在。因此，从国有控股的角度系统地考察国有控股上市公司的投资行为，不仅有利于提高透视国有控股上市公司投资行为与投资效率，而且还有利于丰富和完善企业投资理论。

（2）国内相关研究大多集中于各种治理机制对企业投资行为的影响，而忽视了国有与民营控股两类上市公司治理特征上的差异对企业投资行为的影响。因此，系统地分析国有控股上市公司的治理特征，研究这些治理特征对国有控股上市公司投资行为的影响，从而提供了国有控股如何影响公司投资行为的内在机理和深层证据。

（3）对于企业投资行为的价值后果——公司价值或绩效与大股东控制关系的研究众多，成果斐然，但是对于其效率后果——投资效率与大股东控制的关系研究，尤其对大股东控制是如何影响上市公司投资效率的研究还十分欠缺，而且投资效率的显现需要时间间隔，投资产生的现金流入也具有一定的时间延续性，基于上述原因，如何衡量投资效率也是十分关键并有待进一步讨论的问题。

上市公司投资行为与效率问题一直是公司财务领域的重要问题之一。而在转型经济背景下，我国国有控股上市公司政府干预、内部人控制以及大股东控制下的治理结构对投资决策行为的影响，是有待深入研究的重要问题之一。本书拟在对我国国有控股上市公司治理特征，包括政府干预、内部人控制以及大股东控制下的治理结构进行系统考察的基础上，对我国国有控股上市公司治理特征对投资行为的影响进行研究，以深入了解我国国有控股上市公司以过度投资为代表的非效率投资行为产生的制度根源。

第三章　制度背景

香港中文大学黄德尊教授曾指出，如果要考察公司治理和财务等相对具体的问题，应该首先站在对一国的制度和市场结构的准确把握上。这提醒我们在展开对投资、治理和政府作用的讨论时，需要仔细地将它们置于中国的制度环境中去。鉴于本书的研究分析目的，本章将着重分析我国国有企业改革进程和特点、国有控股上市公司的治理结构特征、以资本市场现状与公司治理现状为背景的我国国有控股上市公司投资的制度特征。

第一节　中国国有企业改革进程和特点

为了改变高度集中的计划经济体制下的国有企业制度，实现政府的所有者职能同社会行政职能彻底分离的目的，自 1978 年以来，我国政府进行过一系列的组织创新和制度变革。经过 30 多年的不懈努力，我国国有企业的管理体制和经营机制发生了深刻变化，逐步转变成自主经营、自负盈亏的法人实体和市场竞争的主体，激发出了强大的企业活力，国有经济布局和结构调整取得了重大进展，国有经济效益实现了持续增长。我国国有企业改革进程大致可以分为如下几个阶段：

一　放权让利阶段（1978—1984 年）

在国有企业改革第一阶段，主要是围绕着放权让利展开的。放权让利最先在基层自动发起，随后被各级所接受和推广。1978 年第四季度开始，四川省选择了重庆钢铁厂等 6 家企业进行扩大自主权试点，给这些企业分别制定了当年增产增收目标，允许企业在实现目标后，提留少量利润。到该年年底，这 6 家试点企业取得了明显成效。1979 年 5 月，国家经委、财政部等 6 个部门在京、津、沪三地选择首钢等 8 家企业推广四川做法。

1979 年 7 月 13 日，国务院发布了《关于扩大国营企业经营管理自主权的若干规定》等五个文件。根据不同行业、不同企业的具体情况，实行不同的利润留成比例。企业用利润留成建立生产发展基金、集体福利基金和职工奖励基金。1980 年 1 月 22 日，国务院批转了国家经委、财政部《关于国营工业企业利润留成的试行办法》。根据试点企业中反映的问题，该办法规定，从 1980 年起，企业利润留成办法由原来的全额利润留成改为基数利润留成和增长利润留成；企业增长利润留成的比例，按照不同行业分别制定；企业必须完成产量、质量、利润和供货合同四项计划指标才能提取全部留成资金，每少完成一项，扣减其应提留资金的 10%；企业从基数利润中提取的留成资金，用于发展生产的不少于 60%，用于福利和奖金的不超过 40%。

到 1980 年 6 月，试点扩大到全国 6600 家大中型国有工业企业，这些企业的总产值约占全国工业总产值的 60%。1984 年，国务院颁布了《关于进一步扩大企业自主权的暂行规定》，明确提出了国有企业应具有生产经济计划权、产品销售权等 10 项自主权。

一系列的扩权让利改革，初步划分了国家和企业的责权利关系，打破了高度统一的计划经济体制格局，在一定程度上有助于解决国有企业所有权和经营权高度统一的矛盾，激发了企业发展生产的内在动力，真正地开始了国有企业产权制度改革的步伐。

但是，这一阶段的国有企业改革并没有真正触及旧有体制框架和经济管理体制的运行方式，而且简单的扩权让利措施效果有限，政府与企业之间的关系仍没有理顺，自主权的下放缺乏稳定性也没有明确的边界，难以产生长期激励效果。而且由于宏观体制的不配套，以利润分成为基础的改革出现了企业与政府讨价还价、压低计划指标等问题，再加上制度设计的弊端和宏观经济环境的紧缩，国有企业效益反而开始整体下滑。因此，总的来说这一阶段我国国有企业产权制度并没发生实质性变化。

二　转换经营机制阶段（1984—1992 年）

在这一阶段，企业改革的方向从以前的扩权让利、利改税开始向转换经营机制转变，开始实行政企职责分开以及所有权和经营权的适当分离。具体措施是对国有大中型工业企业实行承包经营责任制。

对国有企业实行承包制的思路来自中国农村家庭联产承包责任制的成功，早在 1981 年国家即选择了首钢等部分企业开始试点并取得良好效果，因此，1987 年 8 月 31 日，国家经委、国家体改委发出《关于深化企业改革完善承包经营责任制的意见》，提出坚持“包死基数、确保上交、超收多留、欠收自补”的原则，合理确定承包要素，招标选聘经营者，投资主体逐步转向企业，控制工资奖金过快增长等要求。为了完善承包经营责任制，依法保障企业承包经营责任制规范运行，国务院于 1988 年 2 月 27 日颁布了《全民所有制工业企业承包经营责任制暂行条例》，对承包经营责任制的内容和形式、承包合同、承包经营合同双方的权利和义务等作出了规定。

在这一轮的产权制度改革中，所有权与经营权开始了适当的分离，国家作为委托人，将企业经营管理权委托给厂长（经理），减少了政府的行政性干预，国家与企业的关系用合同的形式确定了下来，合同内容从原来的以产量产值为目标转为以企业生产经营状况的利润为目标，基本理顺了国家与企业之间的责权利关系。承包责任制增加了国有企业主要经营者的自主权，增强了他们有效管理的能力，从这个意义上说，它取得了一定的成功。但它也许能够对好绩效进行激励，却难以对坏绩效进行惩罚。此外，承包制还导致国有企业普遍出现了重当期生产、轻长期投入的短期化行为。

三　建立现代企业制度阶段（1992—2002年）

虽然经过一系列各种形式的企业改革，企业制度始终没有取得突破性的进展，因此，真正理顺国家与企业的产权关系成为下一步改革的方向。1992年，党的十四大报告明确了经济体制改革的目标是建立社会主义市场经济体制。1993年11月14日，党的十四届三中全会作出了《关于建立社会主义市场经济体制若干问题的决定》（以下简称《决定》），第一次提出国有企业改革的方向是建立现代企业制度，并指出现代企业制度的特征是：产权清晰、权责明确、政企分开、管理科学。从此，我国国有企业改革进入制度创新阶段。1993年12月29日第八届全国人大常委会第五次会议通过的《公司法》，明确规定公司是企业法人，有独立的法人财产，享有法人财产权。《公司法》为促进社会主义市场经济的发展，建立现代企业制度，提供了重要的法律依据。

建立社会主义市场经济体制，就是要使市场在国家宏观调控下对资源配置起基础性作用，并进一步转换国有企业经营机制，建立适应市场经济要求的现代企业制度。而现代企业制度的提出则是我国国有企业产权制度理论上的重大突破，它标志着我国国有企业改革开始真正触碰到了产权制度改革的核心，开始真正从制度层面上理顺国有企业产权并明确国家与企业的责权利关系。

为落实党的十四届三中全会的《决定》，从1994年年初开始，国务院确定组织100家企业进行建立现代企业制度的试点。接着，各地区、各部门也分别选择了一批重点企业进行试点，全国共有2700多家现代企业制度试点企业。国务院建立了试点工作协调会议制度。在国家体改委、国家经贸委和各级政府的指导下，试点企业按照建立现代企业制度的要求，进行了大胆的创新和多方面的探索。多数试点企业初步完成了公司制改革，普遍建立了公司法人治理结构，新型的政企关系格局初步形成。据1996年的统计，当时国务院确定的100家试点企业中，有81%的企业选择了国有独资公司的形式。不过，其中许多企业董事长、总经理由一人担任，难以形成完善的公司治理结构、权责明确的责任层次和既协调运转又相互制衡的机制。

此外，发展企业集团也是这一阶段的主要战略之一。早在1988年，国家经济体制改革委员会即开始选择少数企业发展成为企业集团，通过赋予其更大的经营自主权，希望加快改革开放和技术进步的步伐，调整产业、产品结构和企业组织结构，发展出一批具有规模效益的大企业集团，带动国民经济的发展，1997年，国务院又批转了国家计划委员会等部门颁发的关于《深化大型企业集团试点工作的意见》，提出建立以产权关系为纽带的母子公司体制以促进企业集团的发展。通过组建集团并授权经营，企业一般可以获得更多的经营自主权，这也是当时进行抓大放小的主要实施手段之一。企业集团的组建对我国的经济改革起到了十分重要的作用，有力地推动了产业组织结构的优化，生产要素的合理流动与优化组合，带动了中小企业的发展，同时也有利于提高国家进行宏观调控的效率。

1999年，十五届四中全会提出大力发展股份制和混合所有制经济，培育大型企业和企业集团，放开搞活国有中小企业，确定了国有经济战略调整“坚持有进有退，有所为，有所不为”的指导方针，并针对我国上市公司国有股和法人股所占比重过大的状况提出了适当的“国有股减持”的措施，而且划定了需要国有资本控制的四大领域。这就表明了在国有资本控制的四大领域之外，即在竞争性领域中，国有企业可以通过产权改革变成非国有企业，除了整体出售方式也可以选择股份制改造实现产权多元化。在保持国有控制力的基础上，国有股减持已不再是简单地从转换经营机制上着眼而是从产权制度上实行非国有化改造。

四　深化国有管理体制改革阶段（2002年至今）

建立和完善国有资产监督管理体制，是巩固壮大国有经济的基础，也是继续深化国有企业改革的前提。2002年11月8日，党的十六大报告提出，国家要制定法律法规，建立中央政府和地方政府分别代表国家履行出资人职责，享有所有者权益，权利、义务和责任相统一，管资产和管人、管事相结合的国有资产管理体制。2003年4月，国务院国有资产监督管理委员会正式成立。国资委的成立是我国国有资产管理上的一个重要分水岭，它标志着我国国有资产出资人权利分散混乱局面的终结，也标志着一个不同于国有资产管理局，具有充分独立地位的专司国有资产管理机构的建立。国有资产监督管理委员会经由国务院授权代表国家履行国有资产出资人的权利，监管国有资产，搞好国有企业，确保国有资产的保值增值任务。2003年6月，国务院颁布了《企业国有资产监督管理暂行条例》，对国有资产监督管理委员会的职能和任务做出了具体安排，将国有资产管理工作纳入了法治化轨道。随后，地方政府也相继成立了地方国有资产监督管理委员会，“国家所有、分级代表”的国有资产管理体制初步建立了起来。

成立国有资产监督管理委员会代表国家履行出资人职责，克服“所有者缺位”产生的国有企业弊端。过去管理国有企业的政府部门既承担公共管理职能，又承担企业经济管理职能，政资分不开，又导致政企不分，既妨碍了政府正常行使公共权力，又使企业的目标变得模糊。而国资委专司国有资产管理的职能，避免了政府直接利用行政手段干预国有企业的生产经营活动，使国有企业专注于企业经营发展的目标，为政资不分、政企不分弊端的解决提供了制度上的有力保证，这对于深化国有企业产权改革、提高国有企业效益起到了重要的推动作用。2007年，中央企业实现销售收入9.84万亿元，同比增长19.3%；实现利润9968.5亿元，同比增长30.3%；上缴税金8303.2亿元，同比增长23.8%。2002—2007年，中央企业资产总额年均增加1.5万亿元，销售收入年均增加1.3万亿元，实现利润年均增加1500亿元，上缴税金年均增加1000亿元。2007年，中央企业主营业务收入超过千亿元的有26家，利润超过百亿元的有19家，进入世界500强的有16家，分别比2002年增加20家、13家和10家。

第二节 中国国有控股上市公司的治理结构特征

中国国有控股上市公司的治理结构，是伴随着国有企业改革的深入和证券市场的发展而不断发展和演进的，并且，为了维护公有制的主体地位，这些公司在企业改制过程中往往采用了国家绝对控股或相对控股的股权设置模式。国有控股上市公司的国有股东在行政上的“超强”控制和在产权上的“超弱”控制，分别导致国有上市公司呈现“政府干预”与“内部人控制”两大公司治理特征。另外，在国家绝对控股或相对控股的股权结构下，公司治理的核心不但包括股东与管理层之间的代理冲突，更多的是控制性大股东与其他股东之间的代理冲突。同时由于法律体系缺乏和监督力度的薄弱，我国国有控股上市公司的治理机制是大股东控制下的治理结构。

一 政府干预

我国国有上市公司的治理问题比较特殊的地方在于，一方面，政府作为所有者，需要对国有企业的管理者进行激励和监督；另一方面，政府尤其是地方政府，本身也存在代理问题，地方政府为自身利益对企业所进行的干预会影响对管理者的激励和监督职能的发挥。特别地，在市场机制和法律制度尚不健全的情况下，一方面，如果政府对企业干预严重，将导致企业目标扭曲和激励约束机制的缺失；另一方面，如果政府下放控制权，减少对企业干预，将会导致严重的内部人控制问题。

（一）政府干预与激励扭曲

政府不以经济效率为目标，同时可能说话不算数，在国家控制的企业中，经营者面临的激励与约束机制同现代市场经济下以私有制为基础的现代公司所面临的激励与约束机制存在较大差别。下面将分析政府干预是如何导致企业经营者的激励扭曲。

1. 政府追求非经济效率目标

从政府和企业的关系来看，国有公司的一个重要治理特征是政府干预。对于受政府控制的国有上市公司而言，政府及其官员有干预其经营活动的动机。第一，政府的社会目标动机。地方政府面临的现实任务是促进经济发展、增加财政收入、改善社会福利及维持社会稳定。政府既有动机又有能力将其自身的社会性目标或政治目标内部化到其控制的上市公司中。第二，政府官员的政绩动机。政府官员有其政治晋升诉求，而考核其政绩的重要指标之一就是 GDP 和财政收入（周黎安，2004；Liand Zhou，2005）。第三，政府官员的寻租动机。政府官员不仅有其政治晋升诉求，还有其个人利益。寻租就是政府官员追求个人效用最大化的直接表现，而政府官员寻租行为进一步恶化了国有企业资本配置的效率（Shleifer，1998）。政府的社会目标动机、政绩动机和寻租动机都是政府追求非经济效率目标的具体表现，这些将使国有企业在决策过程中更容易偏离经营绩效最大化目标，导致国有企业资源配置效率低下。

2. 政府干预与经营者薪酬激励机制的扭曲

从薪酬契约来看，一个良好的薪酬契约应该有助于缓解经理自利行为引发的代理问题（Jensen and Meckling，1976；Smith and Watts，1992）。但是，在我国经济转型期，国有企业高管薪酬受到政府主管部门严格的管制。政府管制直接导致国有企业以业绩为基础的薪酬契约激励机制效果有限：（1）作为所有者的国有资产管理部门（或政府）天然地处于信息的劣势，很难低成本地观察到国有企业的经营业绩，这也就意味着政府很难与国有企业的经营者事前签订有效的激励契约，也很难事后实施有效的监督；（2）行政干预的存在，使得企业承受政策性负担（并获得政策性收益），企业目标由企业价值最大化转变成目标多元化，导致企业业绩与经营者付出之间的因果关系模糊，因而削弱了以业绩为基础制定薪酬契约的有效性。

因此，从国有企业激励合约的设计和实施角度来看，政府对改制后国企高管薪酬决定的直接干预，严重束缚了改制后国企公司治理结构的完善，大大束缚了国有企业业绩型报酬方案的实施空间和激励效果，引发了国企高管薪酬激励机制的严重扭曲。

3. 政府承诺的不可置信与债务软约束

从债务契约来看，债务治理机制的一个重要前提条件是，债务必须具有硬约束功能，即一旦企业到期发生债务违约，则债权人将有足够的能力和意愿对债务人实施相应的惩罚，比如，要求企业依法破产，或追究企业经理的个人责任等。然而，在我国当前转轨经济背景下，政府、国有商业和银行之间形成了一个预算软约束框架。财政分权体制下的地方政府有着强烈的扶持地方经济发展的意愿，为此，政府强化了对商业银行的控制，以便向政府偏好的企业和产业提供金融支持。因此，当政府推动的商业银行贷款出现问题时，政府自然有义务对商业银行提供支持，从而导致了商业银行对政府预算软约束的预期。在这种预算软约束框架下，国有商业银行由于存在对事后贷款回收的政府隐性担保预期，从而降低了银行在贷款后对国有企业监督的激励。

（二）行政干预下的内部人控制

为了改变高度集中的计划经济体制下的国有企业制度，实现政府的所有者职能同社会行政职能彻底分离的目的，自 1978 年以来，我国政府进行过一系列的组织创新和制度变革，其中历经放权让利、两权分离、承包经营、利改税、股份制改革、建立现代企业制度等多个阶段，正是这些基于政府分权动机的改革，直接导致我国国有控股股东类型开始多元化，国有公司多层级控股结构方式不断涌现，控制链也呈增长态势。在政府与企业之间增加层级有效地减少了政府干预行为，给予企业经营者自主经营权与留存收益支配权极大地提高了经营者积极性，但是由此产生的内部人控制—代理问题却变得十分严重。

二　内部人控制

“内部人控制”是指在现代市场经济中，由于现代企业制度是建立在企业经营者对出资人资产的委托—代理经营的基础上的，使所有权与控制权发生分离，而拥有控制权的企业经营者，即“内部人”，有可能凭借自己手中对财产的控制权寻求自身利益的最大化，而忽视甚至损害出资人利益的现象。按照公司治理的一般理论，股权分散容易导致内部人控制。这是因为在股权分散的情况下，由于出资人占有的股权比例很小，他们就必然不愿花大力气去关心、监督经理人员的行为，而希望别的股东花大力气去这样做，自己则坐享其成，这就是所谓的“搭便车”心理。这样，“内部人控制”问题也就产生了。而在股权集中的情况下，内部人控制表现为大股东“剥削”广大中小股东，即大股东控制下的内部人对处于信息弱势的中小投资者利益的侵犯。对中国国有上市公司而言，股权的过度集中和有效的经理人市场的缺乏，经理人员通常由控股股东委派，人才提拔的行政力量强于市场力量，经理人员的决策通常以控股股东的利益最大化为出发点，出现控股股东“剥削”小股东的内部人控制问题。因此，我国国有上市公司处于大股东和内部人的共同控制之下，内部人控制在很大程度上成为大股东控制的具体表现形式。

三　大股东控制下的治理结构

我国资本市场出现的时间较晚。作为在我国经济转型过程中引入的制度安排，中国国有上市公司股权特征与治理结构在很多方面也体现了与西方成熟资本市场明显不同的特征。在我国，国有上市公司普遍存在一个具有绝对控制地位的控股股东，“一股独大”是我国国有上市公司的最显著特征之一。在“一股独大”的这种特殊股权结构下，使得我国国有控股上市公司的治理机制表现为大股东主导模式。大股东操纵了股东大会、董事会和管理层，使得上市公司的治理结构失衡。

1. 大股东控制着股东大会

在法律上，股东大会是公司的最高法律机关，公司的一切控制权属于全体股东，控制了股东大会也就控制了公司董事会（董事的选取、任免)、监事会（监事的选取、任免)、经理层（通过董事会，控制经理的聘用、解雇）和公司的运营管理（投资、融资、股利分配、企业兼并重组等)。在全世界范围内，无论是大陆法系还是英美法系，股东大会中的决策原则为一股一票制，并根据少数服从多数原则行使决策权。但是，这一制度有效运行的前提是所有股东（包括大股东和小股东）利益同质和股东与公司利益同质。在股权分置与“一股独大”的股权结构下，大股东和小股东追求的利益并不完全一致。而“一股一票”制度正是大股东实施这种机会主义行为的制度前提。在我国上市公司“一股独大”的情况下，控股股东很容易根据“一股一票”的原则合法地操纵股东大会，使股东大会从一个民主投票决策的机构演变成大股东一票否决的场所和转移上市公司利益的工具，小股东的利益无法通过股东大会内部“用手投票”的方式得到保护。

2. 大股东控制着董事会

大股东对公司治理机制的影响还表现在董事会的安排上。董事会是公司治理机制中的重要决策机构，其作用的发挥与其结构和独立性有着紧密联系。对我国国有上市公司而言，股权高度集中，控制性股东不仅有能力依靠合法的股东会程序决定董事会的人员构成，确定有利于自己利益的董事会结构，而且还可以少于50%的股权份额获取董事会的控制权，从而取得公司的控制权。这种董事与控制性股东的天然联系，以及由此导致的董事对控制性股东的依附，不可避免地会造成控股股东的意志成为左右董事和董事会行为的“指挥棒”，严重影响了董事的独立性。

此外，在董事会结构中，作为完善公司治理结构的重要制度，独立董事制度在我国起步较晚。证监会2002年颁发并施行的《关于在上市公司建立独立董事制度的指导意见》，便是针对我国“股权缺乏制衡，一股独大盛行”的制度环境而引入的重要治理措施。但是，就独立董事的提名和选聘程序来说，《关于在上市公司建立独立董事制度的指导意见》规定，独立董事由董事会提名选聘，而董事会在实质上又是由大股东所控制的，因此，独立董事对大股东发挥监督和制约作用的有效性将大大降低。

3. 大股东控制着管理层

大股东对公司管理层的控制，主要是通过对公司高级经营管理层的委派来实现的，如由大股东委派或者由大股东的董事长直接兼任上市公司的 CEO 等。余明桂、夏新平和潘红波（2007）研究指出，公司的董事长来自控股股东占所有存在控股股东公司的 73.17%，总经理来自控股股东占所有存在控股股东公司的 21.96%。特别是在我国经理人市场不成熟的环境中，国有公司的高管通常由政府组织部门任命，以政府官员的标准进行考核。上证所研究中心（2006）的一项调查表明，中央部委所属企业控股的上市公司中，有 60% 的上市公司董事长具有行政级别，中央直属企业控股的上市公司中，有一半左右的上市公司董事长和总经理具有行政级别，在地方政府部门和地方所属国企控股的上市公司中也有很大一部分公司的董事长和总经理具有行政级别。国有公司的高管同时拥有政府的行政官员级别和企业管理人员的双重身份，这种双重身份可能使这些高管人员只是将其在上市公司的任职作为未来在政府行政级别中得到晋升的跳板。

另外，我国的证券市场尚处于起步阶段，市场机制还不健全，在公司治理的外部控制机制方面，虽然已经有了外部审计、独立董事等制度，保护投资者权益的法制建设也在不断进行之中，但总体上看仍然不够完善，公司治理的外部控制机制也无法有效地约束大股东的行为。

第三节 中国国有控股上市公司投资的制度特征

自 1978 年以来，我国的投资体制改革总体上表现为市场机制逐渐替代行政机制这样一个过程。伴随着30多年的改革进程，投资在宏观调控和微观决策方面都取得了相当的改进，但问题和缺陷依然严重。针对上述问题，中央政府一直努力尝试对投资体制作出进一步改革，并终于导致了《国务院关于投资体制改革的决定》在2004年7月16日的出台。《国务院关于投资体制改革的决定》被认为是中国改革开放以来，在投资领域最全面、最系统、最权威的改革方案。它总结和完善了中国改革开放以来投资体制改革的经验，在转变政府管理职能、确立企业的投资主体地位、完善政府投资体制、规范政府投资行为等方面加快了投资体制改革的步伐。

尽管《国务院关于投资体制改革的决定》指明了投资体制改革的市场化方向，但试图希望仅靠一纸《决定》就能实现投资体制的实质性转变，是不现实的。当前，中国国有控股上市公司的投资行为呈现出以下几个方面的主要特征：

1. 企业投资受政府干预严重

国有控股上市公司的终极控股股东往往是政府，政府可以凭借其大股东身份干预企业投资活动。首先，中央或地方政府都具有促进经济发展的重要任务，因此，它们有动力和能力要求国有控股上市公司积极进行能源、交通等基础项目的投资，以促进国家和地方经济发展。其次，国有控股上市公司终极控股股东的代表为政府官员，一方面，政府官员的晋升主要考核的是GDP指标，因此，他们可能基于政治晋升诉求而利用投资来追求公司的扩张以完成增加GDP的经济任务；另一方面，政府官员也有其个人私利，他们可能将国有控投上市公司的投资投向便于政府官员索贿的项目，而不是经济上可行的项目。

2. 投资决策严格受制于大股东

公司投资决策规则实施的具体格局定位与股权分布状况密切相关。由于公司的产权属性最终体现在股权构成上，因此，建立在股权构成基础之上的代表多数股权的决策意见就自然成为决定企业投资决策规则的依据。一般来说，在国有股权“一股独大”的情形下，公司的重大投资决策规则，将取决于控制性股东对企业投资项目的前景预期，虽然此时的公司在形式上仍然实施投票表决制决策规则，但是投资项目的决策权实际上已经掌握在控制性股东的手中，并以控制性股东的意志为转移。

从公司投资决策的执行手段来看，贯彻投资决策的手段是全体股东以投票的方式对其重大投资决策发表赞成或者反对意见。这个问题看似简单，但在公司的实践中却经常会造成投票表决制决策规则的扭曲。当股权过度集中的情况发生时，由于代表少数股权的投资参与者和控制性股东利益目标的非一致性，此时，中小股东的投资决策意见往往就会与控制性股东的决策意见相左，并且在成本与收益的权衡下，中小股东实际上已成为控制性股东意志表决的附庸。对于这种状况的考量非常重要，因为，在公司股权过度集中的情形下，虽然其贯彻投资决策的手段依然是采取投票表决制的决策形式，但是，此时控制性股东的投资决策意见已经固若磐石，难以为中小股东所否定。在现实中，公司董事会的成员大部分是来自控制性股东的代表，可见非流通股股东不仅控制了股东大会，而且通过其委派代理人占有董事会的席位进而控制了董事会。此时，由董事会提出的投资决策预案通常会毫无阻力地被大股东控制的股东大会所通过，这实际上已经达成了投资决策的上下一致性。这表明，中国国有上市公司投资决策权严格受大股东的控制，这种制度导致上市公司董事会决策权限不足，投资决策延缓，难以适应迅速变化的市场环境。

3. 决策程序尚不规范

为保障公司投资决策行为更规范、更科学和更安全，上市公司必须建立和健全细致有效的投资决策程序和规范。但在我国国有上市公司中，股权高度集中，大股东操纵了股东大会、董事会和管理层，使得上市公司的治理结构失衡，建立公司内部细致有效的投资决策程序和规范的内在动力很弱。决策者往往以旧习惯和经验在新的竞争环境下进行投资决策，决策过程跳跃、不连贯，甚至轻率和随意，提出投资项目更轻率和仓促，往往只争朝夕，不注重决策的财务后果。即使有投资决策规范，财务分析在投资决策中的辅助作用也非常微弱。

第四节 本章小结

公司投资行为既受外部制度环境和公司内部制度安排的影响，又会影响国家经济活动和资本市场活动。本章结合中国仍处于转轨经济时期及转轨经济时期不完善性和不稳定性的特征，探讨了中国国有企业改革进程和特点、国有控股上市公司的治理结构特征、以资本市场现状与公司治理现状为背景的我国国有控股上市公司投资的制度特征，为后面的理论分析和实证研究提供研究背景和制度铺垫。

第四章 国有控股、治理特征与公司投资

前一章的理论分析表明，由于特殊的委托—代理链（全民股东高度分散，官员作为第一层代理人），国有控股上市公司往往呈现不同的治理问题，如政府干预、薪酬管制、债务软约束、内部人控制等，这些治理问题使得国有控股公司与非国有控股公司在公司治理结构、经营绩效等方面存在显著差异。这些治理问题是否也会影响到国有控股公司的投资行为？本章对国有控股如何影响企业投资行为进行理论分析与实证检验。在估计出自由现金流过度投资的基础上，实证考察了国有控股对自由现金流过度投资的影响以及它的制度根源。并在此基础上，为资本市场的监管设计提供政策建议。

第一节 引言

投资是中国经济增长的三大“引擎”之一，而在中国企业所常见的投资非效率行为（过度投资和投资不足）往往对经济平稳增长造成损害。根据国外的研究，企业投资非效率问题不仅是公司财务决策的问题，它很大程度上根源于不健全的制度安排，如投资者法律保护水平、政治环境、资本市场监管、政府的行政干预、治理模式以及公司层面的治理结构等。由 Coase（1937，1960）、Williamson（1985）、North（1981，1990）等发展起来的产权经济学一直强调制度对契约结构的决定性影响，并重视契约结构相对于交易成本的内生性，而交易成本的大小将直接影响到规范企业行为的一系列

契约的形式、内容与执行。制度对企业行为的这种引导作用在转型国家更容易被观测。这是因为，相比于其他国家的企业，转轨国家企业所面临的外部不确定性更高，企业必须时刻关注制度变迁过程中自身所面临的发展机遇以及制度变迁对企业发展战略、投融资行为、经营决策、交易成本的影响。正处于经济转轨期间的我国企业常常被冠以“行为短期化”“双重依赖”“扩张冲动”“投资饥渴”等不理性的标签，但原因可能并不是企业的非理性，而是制度的差异。因此，从制度层面来研究我国国有控股上市公司的投资问题，或许是破解投资非效率难题的重要出路。

本章专门研究了制度因素中的重要方面——国有控股对自由现金流的过度投资的影响。国有控股上市公司的制度安排在我国普遍存在，大量文献指出，由于特殊的委托—代理链（全民股东高度分散，官员作为第一层代理人），国有控股会对上市公司的治理结构、公司效率和业绩产生重要影响。但鲜有文献关注国有控股对公司投资行为的影响，既有的少量研究也只是停留在国有控股与公司投资的简单回归，未能深入考察其背后的制度根源。本章通过构建国有公司治理特征的整体分析框架，全面考察这些治理特征对投资行为的可能影响，从而提供了国有控股如何影响公司投资行为的内在机理和深层证据。

由于国有企业改革的不彻底，国有控股上市公司中公司对政府、政府对经理层、公司对债权人的契约关系并未完全理顺，分别呈现出政府干预、薪酬管制和债务软约束的治理特征，这些尚不清晰的契约安排都可能影响到国有公司的投资行为。第一，国有公司的一个重要治理特征是政府干预。在现行的制度安排下，政府通过其控股公司的投资活动来履行其社会职能的动机更强烈，将其自身的社会性目标或自身的政治目标内部化到企业经营决策之中，造成公司投资决策目标多元化，使投资与否并不取决于投资项目的净现值，因而易导致国有公司过度投资。第二，作为所有者的国有资产管理部门（或政府）天然地处于信息的劣势，很难低成本地观察到国有企业的经营业绩，导致了刚性薪酬管制。同时，由于国有控股上市公司管理人员大多由政府任命，导致政府对公司高管人员的考核体系并非市场体系，而是多目标体系（俞鸿林，2006），在多目标体系和刚性薪酬管制体制下，在职消费成为经理人的替代选择，并且这种在职消费随着公司规模递增。因此，即使投资项目继续进行的边际经济收益为负，企业经理也可能不会终止投资。第三，国有公司的债务更多地体现出软约束的特点，由于政府对银行经营的频繁干预以及国有银行自身的预算软约束问题，银行既没有能力也没有动力对国有公司实施有效的监督。这种情况下，银行对国有公司的贷款由于不具备硬约束特征，债务的治理功能就将遭到削弱，再也无法取得 Jensen（1986）等人推崇的控制企业过度投资的效果。

为此，本章借鉴 Richardson（2006），辛清泉、林斌与王彦超（2007）所采用的模型在构造出自由现金流过度投资计量的基础上，以 2005—2012 年国有控股上市公司为样本，实证考察了国有控股对自由现金流过度投资的影响以及它的制度根源。研究发现，国有控股上市公司存在明显的自由现金流代理问题，公司过度投资规模与内部自由现金流量呈显著的正相关关系。进一步的研究表明，政府干预、薪酬管制和债务软约束这三大治理弱化是导致国有公司出现过度投资、降低其投资效率的制度根源。

本章在已有文献的基础上进行了更为深入的研究：第一，通过从国有产权这一视角考察政府干预以及由其衍生出的薪酬管制和债务软约束对自由现金流过度投资的影响，为理解政府干预下公司目标及激励机制扭曲所导致的经济后果提供了进一步证据；第二，本章系统地分析了国家控股对公司投资决策的影响，以及形成这种影响的制度根源。我们的证据表明，“三大治理弱化”（政府干预、薪酬管制和债务软约束）正是导致国有公司出现过度投资、降低其投资效率的制度根源，该发现对资本市场的监管设计有重要的启示——加快推进相关制度变革，着力解决内部治理弱化问题，才是改善国有公司投资行为的治本之策。

第二节 文献回顾

股权结构与企业投资决策的关系研究在西方文献中占据重要地位，但研究主要集中在考察股权集中度、家族控股、经理层持股对企业投资决策的影响，较少涉及国有控股的影响，这是因为在西方，国有控股上市公司的现象较为少见。但在我国，国家控股的上市公司约占股票市场的70%以上，国有控股这一制度安排因此备受关注。由于特殊的委托—代理链（全民股东高度分散，官员作为第一层代理人），国有控股上市公司往往呈现不同的治理问题，如政府干预、薪酬管制、债务软约束、政策保护等。大量的研究发现，这些治理问题使得国有控股公司与非国有控股公司在公司治理结构、经营绩效等方面存在显著差异。这些治理问题是否也会影响到国有控股公司的投资行为？Shleifer（1998），Chen、Firth 和 Rui（2006）等学者指出，国有企业的缺陷和问题主要包括源于政治干预对企业目标的扭曲和管理层激励约束机制的缺失两个方面，上述缺陷自然可能使得国有企业在决策过程中更容易偏离经营绩效最大化的目标，导致资本配置的低效率。但现有研究鲜有人从投资视角提供实证证据来支持这些推断，本章试图在这一方面进行尝试，实证考察国有公司的治理特征对企业投资决策的深层影响。

关于国有控股与企业投资决策的直接经验研究较少。何金耿（2002）从公司投资的价值依据出发，分析不同股权类型控制公司的投资决策依据，他发现，国有控股公司的投资动机是利用现有股市的功能性缺陷而谋取私利，直接证实了国有控股公司存在过度投资行为。黄福广、周杰和刘建（2005）认为，从价值创造过程来看，股权结构对企业价值的影响，是经由投资这一途径，他们基于中国上市公司的经验证据发现，国有股东控股的公司存在过度投资行为，而非国有股东控股的公司能够较好地控制过度投资，但却存在轻微的投资不足。饶育蕾、汪玉英（2006）对我国上市公司的实证研究发现，不同性质的第一大股东对公司投资影响有着不同的表现，第一大股东是国家时，持股比例与投资现金流敏感度之间呈负相关关系，第一大股东是国有法人时，敏感度则相对降低。张栋、杨淑娥和杨红（2008）以1999—2005年的上市公司为研究样本，考察了我国上市公司股权性质与企业过度投资之间的关系。研究发现，相对于非国有控股公司，国家作为控股股东的上市公司存在着明显的过度投资倾向。徐晓东和张天西（2009）从自由现金流的过度投资入手，发现第一大股东的性质为国家股的公司较为严重的代理问题导致更多的自由现金流被滥用于过度投资。既有的经验研究结论较为一致，基本上都发现国有控股上市公司存在严重的非效率投资行为，但这些研究都存在一些不足，最明显的问题是它们仅仅停留在国有控股与公司投资的简单回归上，未能深入考察关系背后的制度根源。

第三节 研究假说

由于国有企业改革的不彻底，国有控股上市公司面临着政府干预、薪酬管制、债务软约束等突出的治理问题，这些治理问题可能使得国有企业在决策过程中更容易偏离经营绩效最大化的目标，导致非效率投资行为的发生。

从政府和企业的关系来看，国有公司的一个重要治理特征是政府干预。对于受政府控制的国有控股上市公司而言，政府及其官员有干预其投资活动的动机。第一，政府的社会目标动机。地方政府面临的现实任务是促进经济发展、增加财政收入、改善社会福利及维持社会稳定。政府既有动机又有能力将其自身的社会性目标或政治目标内部化到其控制的上市公司中，比如，政府要求上市公司积极参与地方经济建设，进行能源、交通等基础项目投资；或利用上市公司的融资渠道收购兼并地方国企，帮助其脱贫解困，以缓解财政赤字和降低地区失业率。第二，政府官员的政绩动机。政府官员有其政治晋升诉求，而考核其政绩的重要指标之一就是 GDP 和财政收入（周黎安，2004；Li and Zhou，2005）。因此，利用投资来追求公司的扩张就成为增加 GDP 或财政收入增长的重要途径。第三，政府官员的寻租动机。政府官员不仅有其政治晋升诉求，还有其个人利益。寻租就是政府官员追求个人效用最大化的直接表现，而政府官员寻租行为进一步恶化了国有企业资本配置的效率（Shleifer，1998），为了获取个人私利，国有企业可能被迫投资于便利政府官员索贿的项目，而不是经济上可行的项目（Shleifer and Vishny，1993）。基于以上三点分析，本章预期政府干预的存在将扭曲国有公司的投资行为，政府干预程度越大，自由现金流的过度投资就越严重。

假说 1（政府干预假说）：政府干预的存在将扭曲国有公司的投资行为。具体来说，政府干预程度越大，国有公司自由现金流的过度投资就越严重。

从薪酬契约看，一个良好的薪酬契约应该有助于缓解经理自利行为引发的代理问题（Jensen and Meckling，1976；Smith and Watts，1992）。相应地，薪酬契约之于公司投资决策而言，应该有助于协调经理利益与股东利益，从而促使经理放弃净现值为负的投资项目，抑制经理的过度投资冲动。但是，在我国经济转型期，国有企业高管薪酬受到政府主管部门严格的管制。政府管制直接导致国有企业以业绩为基础的薪酬契约激励机制效果有限：（1）作为所有者的国有资产管理部门（或政府）天然地处于信息的劣势，很难低成本地观察到国有企业的经营业绩，这也就意味着政府很难与国有企业的经营者事前签订有效的激励契约，也很难事后实施有效的监督；（2）行政干预的存在，使得企业承受政策性负担（并获得政策性收益），企业目标由企业价值最大化转而变成目标多元化，导致企业业绩与经营者付出之间的因果关系模糊，因而削弱了以业绩为基础制定薪酬契约的有效性。

因此，从国有企业激励合约的设计和实施角度来看，政府对改制后国企高管薪酬决定的直接干预，严重束缚了改制后国企公司治理结构的完善，大大束缚了国有企业业绩型报酬方案的实施空间和激励效果，引发了国企高管薪酬激励机制的严重扭曲。

假说 2（薪酬管制假说）：薪酬管制引致的低货币薪酬对经营者可能难以起到和以市场为基础的自由契约相媲美的激励作用，国有公司存在因薪酬契约失效导致自由现金流的过度投资现象。

从债务契约来看，债务治理机制的一个重要前提条件是，债务必须具有硬约束功能，即一旦企业到期发生债务违约，则债权人将有足够的能力和意愿对债务人实施相应的惩罚，比如，要求企业依法破产，或追究企业经理的个人责任等。然而，在我国当前转轨经济背景下，政府、国有商业银行和国有企业之间形成了一个双重预算软约束框架。首先，财政分权体制下的地方政府有着强烈的扶持地方经济发展的意愿，为此，政府强化了对商业银行的控制，以便向政府偏好的企业和产业提供金融支持。因此，当政府推动的商业银行贷款出现问题时，政府自然有义务对商业银行提供支持，从而导致了商业银行对政府预算软约束的预期。其次，在上市公司的投资决策上，也同样面临着来自政府的预算软约束问题。这是因为，国有上市公司的经理一般都同政府部门保持着密切联系，甚至不少国有上市公司的 CEO 本身就是政府官员。当内生于分权化改革体制下的政治利益激励导致政府官员有过度投资冲动时，迎合政府官员的利益目标便成为国有企业经理分内之事，而且，在国有上市公司中，政府是事实上的股东，从而使政府也有能力直接干预经理的投资决策。这样，即使事后证明企业的事前投资决策是错误的，也会由于国有上市公司和政府这种紧密的政治关系，不但不会导致投资的决策者遭受到严厉措施的处罚；相反，政府还可能通过各种优惠措施来支持企业。反过来，企业对这种来自政府预算软约束的预期又会进一步刺激国有企业经理做出过度投资的决策。

在这种双重预算软约束框架下，国有商业银行对国有企业的贷款由于不具备硬约束特征，难以发挥其治理功能。一方面，国有商业银行由于存在对事后贷款回收的政府隐性担保预期，从而降低了银行在贷款后对国有企业监督的激励。因此，债务的治理功能就将遭到削弱，再也无法取得 Jensen 等人推崇的控制企业过度投资的效果。另一方面，国有企业对政府的预算软约束预期以及政府对国有企业投资决策的干预，也会导致企业不惜过度举债，以支持企业的投资扩张。

假说 3（债务软约束假说）：国有公司面临的债务软约束问题会削弱债务的治理功能，债务融资无法对国有公司自由现金流的过度投资发挥其应有的约束作用。

第四节　研究设计

本章的研究思路是，首先，借鉴 Richardson（2006）、辛清泉、林斌与王彦超（2007）的模型，估算出企业正常的投资水平。其次，用企业实际的投资水平与估算企业正常的投资水平之差（即回归残差）代表企业的投资过度程度（残差大于 0）和投资不足程度（残差小于 0），并用经营活动产生的净现金流与估算的企业正常的投资水平之差代表企业的自由现金流量。最后，将估算得到的投资过度作为被解释变量，对自由现金流量、治理特征变量和自由现金流量的交互项及相关控制变量进行回归，考察治理弱化对自由现金流过度投资的影响。

一　样本选取和数据来源

本章使用中国沪深股市 2005—2012 年共 8 年的所有 A 股上市公司为初始样本，剔除如下公司：（1）金融行业的上市公司。我们之所以排除了金融行业，是因为金融行业公司的负债不同于非金融行业的公司。（2）终极控制人性质不详的公司。由于本章主要研究国有控股对上市公司投资活动的影响，若根据上市公司披露的终极控制人资料无法确定是国有控股还是非国有控股，本章就将其判断为终极控制人性质不详。（3）终极控制人为非国有控股的公司。色诺芬公司治理结构数据库将公司最终控制人定义为六大类型：国有控股、民营控股、外资控股、集体控股、社会团体控股、职工持股会控股。本章将后五种类型的上市公司定义为非国有控股上市公司。（4）数据不全的公司，如财务等相关数据缺失的公司。并且，由于本章所使用到的主要是连续变量，为了消除极端值的影响，本章还对0—1%和99%—100%的极端值样本进行剔除。经过筛选后，本章最终得到了7120个年度观察值。

本章所使用的数据包括企业特征数据和制度环境数据。其中，企业特征数据包括财务数据与终极控股股东性质数据，财务数据来源于香港理工大学与深圳国泰安信息技术有限公司联合开发的CSMAR数据库查询系统，终极控股股东性质数据来源于北京大学中国经济研究中心的色诺芬数据库（CCER）。反映政府干预程度的制度环境数据来自樊纲、王小鲁和朱恒鹏在《中国市场化指数——各地区市场化相对进程2011年报告》一书中编制的中国各地区（包括31个省、自治区和直辖市）“政府与市场关系”得分。鉴于该书仅提供了1997—2009年的数据，所以2010—2012年反映政府干预程度的制度环境数据只能用2009年的“政府与市场关系”得分来代替。

二　实证设计和变量定义

（一）过度投资的度量

根据已有研究，本章采用公司预期投资支出模型：

$$Invest_{i,t} = a_0 + a_1 Lev_{i,t-1} + a_2 Size_{i,t-1} + a_3 Cash_{i,t-1} + a_4 Growth_{i,t-1} + a_5 Return_{i,t-1} + a_6 Age_{i,t-1} + a_7 Invest_{i,t-1} + \sum Industry + \sum Year + \mu_{i,t} \quad (4-1)$$

模型（4－1）各变量的含义如下：因变量 *Invest* 表示实际新增

投资支出。*Lev* 为资产负债率。*Size* 为总资产的自然对数。*Cash* 为年末现金与短期投资之和同总资产的比率。*Growth* 的代理变量分别为销售收入增长率与托宾 Q。*Return* 为股票年度回报率。*Age* 为公司上市年龄。根据现有的文献（Fazzari et al.，1988；Barro，1990；Bates，2005；Lamont，2000），*Lev* 和 *Age* 同企业投资水平呈负向关系，而 *Cash*，*Size*，*Return*，$Invest_{i,t-1}$ 将对企业投资水平产生正面影响。此外，模型中还加入行业变量 *Industry* 和年度变量 *Year*，以充分考虑行业效应和年度效应。按证监会的分类标准（除制造业继续划分为小类外，其他行业以大类为准），共有 22 个行业，剔除金融业后，因而在模型中共 20 个行业哑变量。年度哑变量是用来控制宏观经济的影响，本章涉及 8 年的上市公司数据，因此共有 7 个年度哑变量。除行业与年度哑变量外，其他变量说明具体如表 4－1 所示。

表 4－1　　变量说明

<table>
<tr><th colspan="2">变量名称</th><th>变量说明</th></tr>
<tr><td rowspan="3">因变量</td><td>Invest</td><td>表示实际新增投资支出，为构建固定资产、无形资产和其他长期资产所支付的现金、处置固定资产、无形资产和其他长期资产而收回的现金之差与年初资产总额的比值</td></tr>
<tr><td>Over1</td><td>与销售收入增长率对应的模型正残差表示过度投资</td></tr>
<tr><td>Over2</td><td>与托宾 Q 对应的模型的正残差表示过度投资</td></tr>
<tr><td rowspan="4">解释变量</td><td>Fcf</td><td>自由现金流，等于经营活动产生的净现金流量和预期的当年预期投资之后的余额与平均总资产之比。其中，当年预期投资为模型（4－1）估算的资本投资</td></tr>
<tr><td>Gov</td><td>政府干预程度指数。该变量取值范围为 0—10，数值越大，表示政府干预程度越低</td></tr>
<tr><td>Ln（Tpay）</td><td>“金额最高的前三名高级管理人员的报酬总额”的自然对数</td></tr>
<tr><td>Debt</td><td>银行债务比率，是企业短期借款和长期借款与总资产的比值</td></tr>
<tr><td rowspan="2">控制变量</td><td>Growth</td><td>托宾 Q 或销售收入增长率。其中，托宾 Q 为市场价值与账面价值之比</td></tr>
<tr><td>Lev</td><td>资产负债率，为负债与总资产的比率</td></tr>
</table>

续表

变量名称		变量说明
控制变量	*Cash*	年末现金与短期投资之和同总资产的比率
	Size	总资产的自然对数
	Return	股票年度回报率
	Age	公司上市年龄
	Mfee	公司管理费用与主营业务收入之比
	Occuppy	为其他应收款占总资产的比例

（二）自由现金流的度量

Jensen（1986）认为，自由现金流为企业在投资了所有的正净现值项目后剩余的现金流。本章的自由现金流即按照这种思想构造。因此，自由现金流就等于经营活动现金净流量 *Cfo* 减去预期投资后的净额，即

$$Fcf_{i,t} = Cfo_{i,t} - Invest^{*}_{i,t} \qquad (4-2)$$

（三）自由现金流与过度投资

自由现金流量丰富的公司可能将资金投资于净现值为负的项目，导致过度投资。本章为检验自由现金流与过度投资行为的关系，建立如下模型：

$$Over_{i,t} = \beta_0 + \beta_1 Fcf_{i,t} + \beta_2 Pos\_\ Fcf_{i,t} + \beta_3 Neg\_\ Fcf_{i,t} + v_{i,t} \qquad (4-3)$$

其中，因变量为模型（4-1）中的正残差，若 $Fcf_{i,t}$ 大于 0，则 $Pos\_\ Fcf_{i,t}$ 等于正的自由现金流量，否则 $Pos\_\ Fcf_{i,t}$ 等于 0；若 $Fcf_{i,t}$ 小于 0，则 $Neg\_\ Fcf_{i,t}$ 等于负的自由现金流量，否则 $Neg\_\ Fcf_{i,t}$ 等于 0。β_1 为自由现金流量与过度投资相关程度的系数，β_2、β_3 分别为自由现金流量为正和自由现金流量为负时，自由现金流量与过度投资相关程度的系数。如果 β_2 显著大于 β_3，则表明自由现金流量为正的公司更容易发生过度投资行为。

（四）治理弱化与自由现金流的过度投资

根据 Richardson（2006），辛清泉、林斌与王彦超（2007）进一

步分析，若模型（4－1）估计的残差为正，则表明该公司在该年度投资过度。为检验关于治理弱化与自由现金流和过度投资关系问题，本章将用模型（4－1）中的正残差作为因变量，对自由现金流量、治理特征变量和自由现金流量的交互项及相关控制变量进行回归，建立以下计量模型（4－4）至模型（4－6）：

1. 政府干预与自由现金流的过度投资关系模型

$$Over_{i,t} = \beta_0 + \beta_1 Fcf_{i,t} + \beta_2 Gov_{i,t} \times Fcf_{i,t} + \sum Control_{i.t} + \sum Industry + \sum Year + \nu_{i,t} \quad (4-4)$$

在模型（4－4）中，因变量为模型（4－1）中的正残差。*Gov* 表示政府干预代理变量，该指标数值越高，代表干预程度越低。如果政府干预显著地提高了自由现金流的过度投资，那么模型（4－4）的 $Gov \times Fcf$ 的系数应该显著为负。

2. 经理薪酬与自由现金流的过度投资关系模型

$$Over_{i,t} = \beta_0 + \beta_1 Fcf_{i,t} + \beta_2 \mathrm{Ln}(Tpay_{i,t}) \times Fcf_{i,t} + \sum Control_{i.t} + \sum Industry + \sum Year + \nu_{i,t} \quad (4-5)$$

在模型（4－5）中，因变量为模型（4－1）中的正残差。Ln（*Tpay*）为经理薪酬代理变量，如果存在因薪酬契约失效导致的自由现金流的过度投资现象，那么模型（4－5）的 Ln（*Tpay*）×*Fcf* 的系数应该显著为负。

3. 债务软约束与自由现金流的过度投资关系模型

$$Over_{i,t} = \beta_0 + \beta_1 Fcf_{i,t} + \beta_2 Debt_{i,t} \times Fcf_{i,t} + \sum Control_{i.t} + \sum Industry + \sum Year + \nu_{i,t} \quad (4-6)$$

在模型（4－6）中，因变量为模型（4－1）中的正残差。*Debt* 为债务软约束代理变量，如果债务对自由现金流的过度投资约束作用不强，那么模型（4－6）的 $Debt \times Fcf$ 的系数应该为负但不显著。

上述模型中，*Control* 是一组控制投资过度的变量。考虑到代理成本是影响投资效率的主要因素，参考 Richardson（2006）、姜国华和岳衡（2005）以及程仲鸣、夏新平与余明桂（2008）的研究，我们使用管理费用率（*Mfee*）和大股东占款（*Occuppy*）作为控制变量。同样地，我们在模型中也加入了行业虚拟变量和年度虚拟变量。

第五节 实证检验结果及分析

1. 预期投资模型的估计

表4－2报告了模型（4－1）的回归结果，两个回归的被解释变量均为新增资本投资支出，其目的是根据模型（4－1）估算回归残差，从而得到公司的投资不足与投资过度估计值。表4－2中的回归结果表明，投资机会替代变量无论是销售收入增长率还是Tobin－Q值，都显著地正向影响公司的新增投资。上一期的现金持有量与当期新增投资水平正相关表明企业更愿意优先利用闲置财务资产进行投资以避免外部融资所招致的额外监管和信息披露。其他主要变量如公司规模、负债率及上期新增投资等变量与预期符号一致。

表4－2　　预期资本投资模型的回归结果

Variable	预期符号	Growth：销售收入增长率		Growth：Tobin－Q	
		系数	t值	系数	t值
Intercept		－0.064**	－2.243	－0.075***	－2.956
$Cash_{i,t-1}$	+	0.035***	3.478	0.038***	3.112
$Lev_{i,t-1}$	－	－0.007**	－2.167	－0.013***	－2.874
$Invest_{i,t-1}$	+	0.345***	25.216	0.318***	26.147
$Size_{i,t-1}$	+	0.009***	3.982	0.007***	4.219
$Growth_{i,t-1}$	+	0.004***	3.563	0.005***	3.764
$Return_{i,t-1}$	+	0.024***	6.561	0.018***	7.125
$Age_{i,t-1}$	－	－0.003***	－5.108	－0.004***	－5.457
Industry		Control		Control	

续表

Variable	预期符号	Growth：销售收入增长率		Growth：Tobin－Q	
		系数	t值	系数	t值
Year		Control		Control	
Adj. R^2		0.374		0.378	
N		7120		7120	

注：**、***分别表示在5%和1%的水平上显著。

2. 自由现金流量与过度投资的回归分析

为检验自由现金流量与过度投资行为的关系，根据模型（4－3）进行回归分析，结果见表4－3。从表4－3中Panel A回归结果可知，自由现金流量与过度投资行为显著正相关，回归系数为0.045（显著性水平为1%）；自由现金流量为正时与过度投资行为的回归系数为0.080（显著性水平为1%），大于全样本分析的回归系数，自由现金流量为负时与过度投资行为回归系数为－0.067，显著小于自由现金流量为正时的回归系数，表明我国国有控股上市公司存在过度投资行为，且自由现金流量丰富的公司更容易发生过度投资行为。表4－3中Panel B的结果与表4－3中Panel A基本一致，同样支持自由现金流量丰富的公司更容易发生过度投资行为。

表4－3　　自由现金流量与过度投资的回归结果

Panel A：以Over1为因变量			Panel B：以Over2为因变量		
变量	模型1	模型2	变量	模型1	模型2
Intercept	0.048*** (29.154)	0.043*** (21.685)	*Intercept*	0.053*** (30.569)	0.048*** (22.452)
Fcf	0.045*** (3.782)		*Fcf*	0.048*** (3.755)	
Pos_ Fcf		0.080*** (5.451)	*Pos_ Fcf*		0.087*** (5.692)

续表

Panel A：以 Over1 为因变量			Panel B：以 Over2 为因变量		
变量	模型 1	模型 2	变量	模型 1	模型 2
Neg_ Fcf		−0.067 ** (−2.326)	*Neg_ Fcf*		−0.069 ** (−2.234)
Adj. R^2	0.011	0.023	Adj. R^2	0.013	0.025
N	2666	2666	N	2645	2645

注：表中数据为各自变量的回归系数，括号内的数字为 t 检验值，**、*** 分别表示在 5% 和 1% 的水平上显著。

3. 国有控股、治理特征与公司投资的回归分析

表 4−4 给出了上述模型的检验结果。考虑到实证研究中可能存在异方差问题，在以下所有的回归中，用了 White 检验来检验异方差，发现并不存在异方差性。

表 4−4　　国有控股、治理特征与公司投资的回归结果

Panel A：以 Over1 为因变量				
变量	(1)	(2)	(3)	(4)
Intercept	0.050 *** (5.675)	0.053 *** (5.604)	0.050 *** (5.458)	0.053 *** (5.431)
Fcf	0.064 *** (4.784)	0.261 *** (2.763)	0.316 *** (3.234)	0.069 *** (3.458)
Gov × *Fcf*		−0.024 ** (−2.175)		
Ln(*Tpay*) × *Fcf*			−0.019 ** (−2.327)	
Debt × *Fcf*				−0.005 (−0.074)
Occuppy	−0.087 *** (−3.432)	−0.094 *** (−3.561)	−0.094 *** (−3.512)	−0.086 *** (−3.304)
Mfee	−0.008 (−1.106)	−0.008 (−1.124)	−0.009 (−1.208)	−0.008 (−1.219)

续表

Panel A：以 Over1 为因变量				
变量	(1)	(2)	(3)	(4)
Year	Control	Control	Control	Control
Industry	Control	Control	Control	Control
Adj. R^2	0.087	0.089	0.088	0.085
F	5.761	5.689	5.712	5.548
N	2666	2666	2666	2666
Panel B：以 Over2 为因变量				
变量	(5)	(6)	(7)	(8)
Intercept	0.051 *** (5.107)	0.051 *** (5.287)	0.052 *** (5.296)	0.051 *** (5.253)
Fcf	0.067 *** (4.651)	0.336 *** (3.009)	0.429 *** (3.836)	0.063 ** (3.541)
Gov × *Fcf*		-0.032 *** (-2.875)		
Ln(*Tpay*) × *Fcf*			-0.023 *** (-3.340)	
Debt × *Fcf*				-0.015 (-0.358)
Occuppy	-0.095 *** (-2.986)	-0.098 *** (-3.101)	-0.099 *** (-3.342)	-0.093 *** (-3.119)
Mfee	-0.006 (-1.023)	-0.006 (-0.918)	-0.009 (-1.215)	-0.009 (-1.117)
Year	Control	Control	Control	Control
Industry	Control	Control	Control	Control
Adj. R^2	0.083	0.085	0.089	0.080
F	5.763	5.852	5.714	5.639
N	2645	2645	2645	2645

注：表中数据为各自变量的回归系数，括号内的数字为 t 检验值，**、*** 分别表示在 5% 和 1% 的水平上显著。

表4-4回归（1）、回归（5）没有考虑治理特征影响的回归结果。可以发现，就整体国有控股上市公司而言，自由现金流（*Fcf*）与过度投资显著正相关，说明国有控股公司的自由现金流确实对过度投资起到推波助澜的催化作用。

表4-4回归（2）为政府干预对自由现金流的过度投资关系影响（政府干预假说）的多元回归结果。从表4-4回归（2）可以看出，该回归方程的F值为5.689，在1%水平上显著，且调整后的拟合优度为0.089，说明模型整体上比较显著。$Gov \times Fcf$ 的系数在5%水平上显著为负，相关系数为-0.024，这表明政府干预程度越强，国有控股上市公司自由现金流的过度投资越严重，这与我们的假说1相符。表4-4中的回归（6）是采用以Over2为因变量的回归结果，我们发现与回归（2）基本一致的证据。

表4-4回归（3）报告了经理薪酬对自由现金流的过度投资关系影响（薪酬管制假说）的多元回归结果。从表4-4回归（3）可以看出，该回归方程的F值为5.712，在1%水平上显著，且调整后的拟合优度为0.088，说明模型整体上比较显著。$\text{Ln}(Tpay) \times Fcf$ 的系数在5%水平上显著为负，相关系数为-0.019，这意味着在国有控股上市公司中，经理薪酬契约失效导致了企业自由现金流代理问题十分严重，反映到企业投资决策上，就可能导致国有企业经理将现金流用于净现值为负且有利于其获取私人利益的投资项目上。表4-4中回归（7）的结果与表4-4中回归（3）的结果基本一致，同样支持研究假说2。

表4-4回归（4）为债务软约束对自由现金流的过度投资关系影响（债务软约束假说）的多元回归结果。从表4-4回归（4）中可以看出，该回归方程的F值为5.548，在1%水平上显著，且调整后的拟合优度为0.085，说明模型整体上比较显著。$Debt \times Fcf$ 的系数虽然为负，但在10%甚至20%的水平上都不显著，这说明在总体上债务融资与国有控股上市公司自由现金流的过度投资无显著的相关性，即由于存在债务软约束问题，债务对国有控股上市公司自由现金

流的过度投资没有起到显著的约束作用。表4-4中回归（8）的结果与表4-4中回归（4）的结果基本一致，同样支持研究假说3。

从控制变量回归结果看，管理费用率（*Mfee*）与过度投资负相关，但不显著。此外，大股东占款（*Occuppy*）与过度投资负相关，这可能是因为大股东占款导致了上市公司资金紧张，由此削减了投资支出所致。

4. 稳定性检验

上述回归模型中主要自变量的VIF值均小于2，表明模型共线性问题较弱。另外，为了检验上述结论的稳健性，本章进行如下稳健性检验。

（1）由于Richardson（2006），辛清泉、林斌与王彦超（2007）所采用的模型是基于发达市场环境提出的，假定企业整体投资正常，不存在系统性投资偏差。如果市场调节发生变化，使用该模型估计过度投资水平时可能存在偏误。为了减少因过度投资水平估计偏误带来的影响，我们将模型（4-1）的残差按大小等分成三组，然后将残差最大的一组作为投资过度组，再对模型（4-4）至模型(4-6)进行敏感性测试。

（2）使用不同的解释变量。将各地区的“财政赤字”来代替樊纲等（2007）编制的政府干预指数来度量地区的政府干预程度，将“董事、监事及高管前三名薪酬总额”作为经理薪酬的替代变量，并将“资产负债率”作为检验债务软约束假说的替代变量。

（3）基于不同的样本数据。在数据可得到的情况下，为了利用较大的样本，上述结果是基于非平衡数据，样本中包括了2005—2012年至少1年、至多8年的样本值，这样的样本选择过程可能有偏误。因此，为了检验结果是不是基于样本的原因，对样本进行如下筛选，并重新执行上述检验：剔除样本只有1年和2年的。

上述回归结果与前文研究结论没有实质性差异。基于上述敏感性分析，本章认为，前文的结论是比较稳健的。

第六节　本章小结

正处于经济转轨期间的国有企业投资行为常常被冠以“扩张冲动”“投资饥渴”等不理性的标签。作为公司极为重要的战略决策的投资活动，很可能受到政府干预或政府管制等与产权相关的制度安排的影响。企业投资效率的高低主要取决于股东和债权人基于监督内部人、保护自身产权利益的制度安排的有效性。但我国国有公司脱胎于计划经济模式，缺乏契约协商形成治理制度的自发过程，虽经过十多年的现代企业制度改革，但政府影响的烙印仍深深地留在国有控股公司中，其主要契约具有如下的典型特征：地方政府与市场经济主体的企业界限不清、政府部门对国有企业薪酬水平的直接管制、政府承诺不可置信以及国有银行监督激励机制的弱化，由此很容易形成政府干预、薪酬管制和债务软约束等治理弱化问题。地方政府可能为了实现自身的政绩目标而加强干预公司的决策；政府部门对薪酬水平的直接管制弱化了国有企业以业绩为基础的薪酬契约激励；同时国有银行由于激励和制度安排上的问题，债务的治理功能将遭到严重削弱。上述的治理弱化势必会传导到公司的投资决策上，导致国有公司非效率投资行为的发生。

本章研究对资本市场的监管设计有重要的启示。国有公司的非效率投资行为，很大程度上源于其自身的“治理弱化”，因此要想从根本上规范国有公司的投资行为，提高投资效率，此时单纯强调产权的改革和外部治理机制的完善可能效果有限，监管层唯有从解决“内部治理弱化”的根源入手，通过弱化政府干预动机、薪酬改革以及深化银行体制改革等制度变革，构建股东—经理层—银行之间的市场化契约治理模式，提高契约主体（股东、债权人）完善治理机制、监督内部人的自发动机，从治理层面真正规范国有公司自身的投资行为。

第五章　政府干预、内部人控制与公司投资

前一章的研究发现，政府干预以及由其衍生出的薪酬管制和债务软约束是导致国有公司出现过度投资，降低其投资效率的制度根源。那么假如政府开始追求经济效率，下放控制权，减少行政干预，企业的非效率投资行为是否能得到有效改善？已有研究发现，由于我国市场机制及其制度尚未完善，公司治理的内外部机制还未能像成熟市场经济那样在控制代理问题方面发挥应有作用。因此，政企分开的国企改革陷入行政干预下的内部人控制的尴尬困境。基于此，本章从国有产权这一视角考察行政干预下的内部人控制的控制权安排对公司投资的影响，为理解政府干预下的内部人控制的经济后果提供了新的证据。

第一节　引言

政府控制国有上市公司实现途径多种多样，有的是由政府直接持有上市公司股份，最为典型的是财政部门或者是国有资产管理监督委员会（局），普遍的控制链形式为下属企业拿出一部分优质资产上市，形成政府控制母公司，母公司控制上市公司的控制形式。还有更为复杂的控制路线图，例如，同深圳市政府在百慕大注册成立深圳国际控股，并在香港联交所上市，通过深圳国资委下属的资产经营公司深圳市投资管理公司控股，而后深圳国际控股在国内设立两家全资子公司，通过这两家子公司控制南玻 A（000012）。显

然，由政府机构直接控股上市公司，便于政府直接进行行政干预，复杂的控制链形式使最终在上市公司中国有股权的行政色彩淡化了许多，甚至复杂的合资、参股、交叉持股让人分不清股权性质到底是什么，属于谁。已有研究发现，作为最终控制人的政府追求非经济效率的行政干预是导致国有上市公司出现自由现金流过度投资的一个重要原因（杨华军、胡奕明，2009）。那么，假如政府开始追求经济效率，下放控制权，减少行政干预，企业的非效率投资行为是否能得到有效改善？中国幅员辽阔，地区发展不平衡，因而各地政府管理国有资产，尤其是上市公司中的国有产权，形式多样，行政干预强度迥异，为我们的研究提供很好的实证样本。

随着政府将控制权下放给企业内部人，内部人控制的代理问题开始出现，两者之间呈现此消彼长的态势。由于我国市场机制及其制度尚未完善，公司治理的内外部机制还未能像成熟市场经济那样在控制代理问题方面发挥应有的作用，因此，政企分开的国企改革陷入行政干预下的内部人控制的尴尬困境。虽然，政府干预扭曲效率目标会导致投资决策的扭曲，但是内部人不受约束的机会主义倾向同样也会导致投资决策上的机会主义行为。因此，减少对国有公司行政干预并不必然实现效率目标，同样也难以改变当前国有公司存在的非效率投资行为。最终国有公司投资决策是政府干预与内部人控制两者博弈的均衡结果。

基于此，本章借鉴 Richardson（2006），辛清泉、林斌与王彦超（2007）所采用的模型构造出自由现金流过度投资的基础上，从国有控股类别和金字塔层级两个方面测度政府干预和内部人代理冲突相对大小，并以 2005—2012 年国有控股上市公司为样本，实证检验了国有控股类别和金字塔层级对公司投资的影响，以全面考察行政干预下的内部人控制的控制权安排对公司投资行为的影响。实证结果发现，与政府机构控制的上市公司相比，国有企业控制的上市公司更倾向于使用自由现金流进行过度投资。并且结果显示，在高自由现金流组中，金字塔层级与过度投资之间存在“U”形曲线关系，而在高现金持有组中，金字塔层级与投资不足之间也存在“U”形曲线关系。本章的研究结论表明，无论从控股股东是政府机构还是国有企业角度考察政府干预国有控股上市公司的强弱，还是从国有上市公司金字塔层级的角度考察政府行政干预的强弱，我们都发现，受政府行政干预强的国有控股上市公司投资行为反而优于受内部人控制的公司。这是因为政府行政干预约束了内部人的机会主义，包括约束他们在投资决策上的机会主义。随着政府行政干预的减弱，代理冲突逐渐变得尖锐，内部人机会主义成为主要矛盾，映射到投资上，自由现金流的过度投资和现金持有所导致的投资不足行为都将变得日益严重。

本章研究对已有的文献构成了以下几点发展：第一，通过从国有产权这一视角考察行政干预下的内部人控制的控制权安排对公司投资的影响，为理解政府干预下的内部人控制的经济后果提供了新的证据。第二，在中国制度背景下，我们发现在我国市场机制及其制度尚未完善，公司治理的内外部机制还未能像成熟市场经济那样在控制内部人代理问题方面发挥应有作用的制度背景下，政府单纯下放控制权给企业内部人的改革并不能达到预期的效果。在投资决策方面，甚至出现往不利方向变化的趋势。这表明以前有关政府干预与公司投资行为关系研究的经验文献中没有考虑内部人控制的影响是不全面的，从而较为全面地反映政府干预市场的制度安排对公司投资行为的影响，这为理解我国国有控股上市公司投资行为增添了新的知识。此外，本章也为我国国有企业内部人控制现象的存在提供了间接的补充证据。第三，从投资视角拓展了关于金字塔结构作用的研究。程仲鸣等（2008）的研究从投资视角为金字塔结构的保护效应提供实证证据，认为金字塔结构与过度投资负相关。而本章的研究却发现，金字塔结构与过度投资和投资不足之间均存在“U”形曲线关系，金字塔结构并不仅仅意味着保护效应，它还有掏空效应，因而丰富了有关金字塔结构的研究。

本章其他部分安排如下：第二节结合我国特定的制度背景，从国有控股上市公司直接控股股东类别和金字塔层级两个角度进行行政干预与内部人控制代理问题的分析，并提出研究假说；第三节进行研究设计；第四节为实证检验结果分析；第五节为研究结论及其局限性。

第二节　制度背景与研究假说

为了改变高度集中的计划经济体制下的国有企业制度，实现政府的所有者职能同社会行政职能彻底分离的目的，自 1978 年以来，我国政府进行过一系列的组织创新和制度变革，其中历经放权让利、两权分离、承包经营、利改税、股份制改革、建立现代企业制度等多个阶段，正是这些基于政府分权动机的改革，直接导致我国国有控股股东类型开始多元化，国有公司多层级控股结构方式不断涌现，控制链也呈增长态势。在政府与企业之间增加层级有效地减少了政府干预行为，给予企业经营者自主经营权与留存收益支配权极大地提高了经营者积极性，但是由此产生的内部人控制代理问题却变得十分严重，因此上市公司投资行为是这两个因素共同作用的结果。下面从国有控股上市公司直接控股股东类别以及金字塔层级角度，分析它们面临行政干预情况与代理问题，并由此提出有关投资决策的研究假说。

一　国有控股类别与公司投资

许多文献都发现国有控股上市公司比非国有控股上市公司过度投资更为严重（张栋等，2008；汪平、孙士霞，2009；徐晓东、张天西，2009），这是因为政府行政干预是国有控股上市公司的“软肋”，政府有通过其控股公司的投资活动来履行其社会职能的动机，将公共事业管理者的目标内化于企业经营决策之中，造成公司投资决策目标多元化，使投资与否并不仅仅取决于投资项目的净现值，因而易导致过度投资。而随着政府干预行为减少，国有控股上市公司同非国有控股上市公司一样面临代理冲突问题。上述研究比较了作为一个整体的国有控股公司与非国有控股公司之间投资行为的差异，忽视了国有控股公司内部由于不同类型控股股东产生的行政干预与代理问题的差异性，从而导致政府机构控制与国有企业控制的上市公司在投资决策上存在的显著差异。

本章根据国有控股上市公司直接控股股东的身份类型，将国有控股上市公司分为由政府机构控制的上市公司和由国有企业控制的上市公司。这两类股东对上市公司的行政干预显然是不一样的，由于政府机构股东本身就是政府部门或类政府部门，其行政干预程度较深。而国有企业股东，虽然其最终控制人还是政府，政府还能通过各种方式干预上市公司，但其控股股东本身是企业，本身具有追求经济效率的诉求，政府干预程度显然相对比较小。

对于政府机构控制的上市公司而言，首先，政府及其官员既有动机又有能力将其自身的社会性目标或自身的政治目标内部化到其控制的上市公司中。比如，政府要求上市公司积极参与地方经济建设，进行能源、交通等基础项目投资；或利用上市公司的融资渠道收购兼并地方国企，帮助其脱贫解困，以缓解财政赤字和降低地区失业率。这使上市公司的投资行为更可能偏离经营绩效最大化的目标，导致过度投资的发生。其次，上市公司高管受政府行政干预限制，其积极性难以发挥，而政府在遴选高管时并不一定乐意选择职业经理人（Zhang，2000；Fan，Wong and Zhang，2007），高管人员大多由政府直接任命或由其政府官员担任，这就为政府方便地参与甚至左右企业投资决策提供了机会。

相反，作为控股股东的国有企业，其行为相对市场化。政府已通过授予国有企业经营者 14 项经营自主权，建立现代企业制度等方式，淡出企业日常经营活动，希望将国有企业塑造成像私有企业那样具有良好治理结构与经营绩效。在授予企业经营者经营自主权的同时，通过将经营者的工资奖金与一些经营绩效指标挂钩的方式来激励他们努力工作。作为子公司的上市公司，其经营绩效影响了母公司的国有企业绩效，因此，母公司有动力激励和监督上市公司生产经营。一旦上市公司业绩下滑时，国有企业控制的上市公司高管比政府机构控制的上市公司高管更容易被撤换（Wang，2003），因而国有企业控制的上市公司在高管激励与监督上的治理更为有效率。

虽然政府机构控制的上市公司行政干预严重，但是这也限制了上市公司高管在投资决策上的机会主义行为，从而抑制了上市公司代理冲突问题的发生（Li，2000）。对国有企业控制的上市公司而言，虽然在激励与监督高管上相对有效，一定程度上缓解了股东与经营者之间的代理冲突，然而大股东侵占上市公司利益的代理冲突变得严重起来。Cheullg 等（2005）发现我国上市公司与国有控股母公司之间的关联交易损害上市公司价值，平均价值损失占关联交易价值的 45%。这些关联交易包括高价买入母公司劣质资产，为母公司提供担保、高额派现等。而对政府机构而言，它们拥有上市公司控制权，然而其收益权却归财政部门所有，因而他们掏空上市公司的动机不如作为控股股东的国有企业。

以上分析表明，政府机构控制的上市公司受到的行政干预相对较强，内部人控制相对较弱，而国有企业控制的上市公司内部人控制相对较强，行政干预相对较弱。国有控股公司内部由于不同类型控股股东产生的行政干预与内部人代理问题的差异性，必然导致政府机构控制与国有企业控制的上市公司在投资决策上存在显著差异。行政干预与内部人代理问题都会诱发国有上市公司从事过度投资，然而政府机构控制与国有企业控制的上市公司两者之间究竟谁更倾向于使用自由现金流进行过度投资，这完全取决于政府干预的“掠夺效应”与内部人控制的“负面效应”的权衡。如果政府干预的“掠夺效应”大于内部人控制的“负面效应”，则政府机构控制的上市公司更倾向于使用自由现金流进行过度投资；反之，则国有企业控制的上市公司更倾向于使用自由现金流进行过度投资。尽管已有大量文献表明，政府干预显著地降低了公司价值，损害了中小投资者利益（夏立军、方铁强，2005；高雷等，2006；陈信元、黄俊，2007；潘红波等，2008），但是，政府干预并非一无是处。在市场经济运行的基本制度（如司法机制）缺乏的情况下，政府干预有助于降低交易成本，保证契约的履行，而这事实上也部分增进了股东利益。Qian（2000）指出，在法律等支撑市场经济运行的基础制度尚未有效建立起来之前，通过在公司治理中引入政府控制是一种次优选择。虽然政府机构控制的上市公司由于较强的政府干预导致其在投资决策上存在追求非经济效率的弊端，政府干预的"掠夺效应"较为明显，但国有企业控制的上市公司在控制权下放前也受到较强的政府干预，其在投资决策上的"掠夺效应"与政府机构控制的上市公司相类似。然而，在政府下放控制权后，国有企业控制的上市公司却产生了严重的内部人控制问题，在当前我国支撑市场机制运行良好的制度基础——法律制度、产权保护制度以及金融市场监管体制还很薄弱的前提下，在公司治理的内外部机制还未能像成熟市场经济那样在控制内部人代理问题方面发挥应有作用的制度环境下，政府单纯下放控制权给企业内部人的改革并不能达到预期的效果，在投资决策方面，甚至出现往不利方向变化的趋势，即国有企业控制的上市公司因政府下放控制权将会产生比控制权下放前政府干预"掠夺效应"更为严重的内部人控制的"负面效应"。由于国有企业控制的上市公司控制权下放前政府在投资决策上的"掠夺效应"与政府机构控制的上市公司相类似，因此，国有企业控制的上市公司由政府下放控制权所导致的内部人控制的"负面效应"大于政府机构控制的上市公司由政府干预所产生的"掠夺效应"，国有企业控制的上市公司更倾向于使用自由现金流进行过度投资。

基于以上分析，本章提出以下假设。

假设1：与政府机构控制的上市公司相比，国有企业控制的上市公司的自由现金流的过度投资更为严重。

二 金字塔层级与公司投资

作为控股股东（包括家族或政府）控制企业集团的主要方式，金字塔结构在全球范围内存在的普遍性提出了对其进行解释的需求

(La Porta et al., 1999; Claessens et al., 2000; Faccio and Lang, 2002; Almeida and Wofenzon, 2006)。关于金字塔股权结构的成因，Almeida和Wolfenzon（2006）认为在投资者保护较弱的地区金字塔股权结构具有融资优势，这是金字塔股权结构形成并广泛存在的主要原因之一。对于我国上市公司所形成的金字塔股权结构，Zhang（2004）基于中国制度背景，认为金字塔层级结构是政府控制的政治成本与股权分散导致的经理代理成本的权衡，而基于此建立的金字塔结构，可以限制政府的干预或政治控制。Fan、Wong和Zhang（2007）从政府分权的角度分析了国有上市公司金字塔结构的成因。该文指出，金字塔结构在政府和企业之间形成了一个“隔离带”，政府可以借此实现对企业的放权承诺，因为随着金字塔层级增加，政府干预上市公司的成本越来越高和越来越不方便。

政府为何要使其承诺变得置信？这与政府官员激励相关，在中国上级政府决定政府官员仕途升迁与当地经济发展速度显著正相关（Li, Zhou, 2005），因此促进地方经济发展是当地政府的最终目标，而国有企业发展的必要条件是政企分开，因而政府有动力通过建立金字塔结构，使干预企业变得成本高昂，顺利减少政府干预，给予企业经营者自主经营权与留存收益支配权，极大地提高了经营者的积极性。随着政府将控制权下放给企业内部人，内部人控制的代理问题开始出现，并且政府干预越强，内部人控制则越弱；政府干预越弱，内部人控制则越强，两者之间呈现此消彼长的态势。

以上分析表明，在一定程度上，金字塔层级不同，政府对国有控股上市公司的控制力度以及内部人代理问题应存在差异。当金字塔层级较少时，作为最终控制人的政府干预上市公司的难度越小，干预概率越大，内部人控制代理问题越小。而当金字塔层级较长时，则作为最终控制人的政府干预上市公司的难度越大，干预概率越小，内部人控制代理问题越严重。Qian（1996）认为，在“行政干预下的内部人控制”的制度背景下，国有企业要承担两种类型的成本，一方面是由Shleifer和Vishny（1994）提出的政治成本（或官僚成本），即由政府的政治控制而引发的成本；另一方面是由内部人控制而引发的代理成本。由于金字塔层级越长，政府干预概率越小，内部人控制代理问题越严重，因此，如果仅从单方面而言，随着金字塔层级的增加，政治成本会趋于减少，但是会出现边际递减的现象（减少得越来越缓慢），并且永远不会等于或小于0，而代理成本会不断增加并与之呈正相关关系。但综合而言，金字塔层级就会与政府干预和内部人控制双重因素引致的综合成本呈现“U”形的曲线关系（金字塔层级与综合成本相互关系的理论分析过程如图5－1所示）。[①] 因此，在金字塔层级两个极端的状态中间，存在一个最优的金字塔层级数，可以平衡代理成本与政治干预成本，使得综合成本最小。

从上述金字塔层级平衡政治干预成本和代理成本两者关系的选择分析可以看出，金字塔层级对综合成本的影响，随着金字塔层级的变动而产生了“保护效应”和“掏空效应”两种相反的效应。具体而言，首先，当金字塔层级在单一层级与最优层级之间，尽管政府干预的力度还比较大，但由政府干预减少所带来的政治成本的减少量大于内部人控制程度增加所带来的代理成本的增加量，“保护效应”居于主导地位。事实上，层级的延长增加了政府官员干预企业经营活动的成本，这一方面使得国有企业从众多非经营目标中解脱

---

① 李稻葵（1999）就政府控制程度变化对政治成本和代理成本的影响进行了规范分析，认为对于国有控股的上市公司而言，因政府部门的严重“缺位”产生的内部人控制问题会导致过高的代理成本。而过于紧密的政府控制虽然有利于代理成本的大幅度降低，但又将引发过高的政治成本。在这两个极端的状态中间，存在一个最优的政府干预程度，可以平衡代理成本与政治成本，使综合成本最小，即政府控制程度与综合成本呈现“U”形的曲线关系。本书亦借鉴其规范分析的方法，认为随着金字塔层级的增加，政治成本会趋于减少，但是会出现边际递减的现象，并且永远不会等于或小于0，不失一般性可采用 b/layer 表示政治成本，而代理成本会不断增加并与之呈正相关关系，用 a × layer 表示代理成本，这样综合成本 = a × layer + b/layer，这里 a、b 均大于0。很显然，只要金字塔层级与政治成本之间满足凸函数关系，金字塔层级就会与综合成本呈现“U”形的曲线关系。

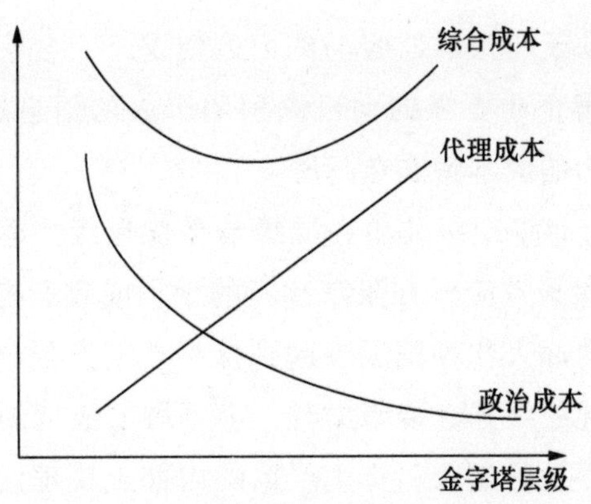

图 5-1　金字塔层级与综合成本相互关系

出来；另一方面也迫使企业更直接地面对市场，通过效率的提高获取生存能力，因此国有企业层级增长被认为是价值增加的。Fan 等（2005）的实证分析就提供了一些证据，他们发现国有控股上市公司 IPO 折价在控制住政府动机、市场与法律环境以及公司特征后，随金字塔层级的增加而减少，每增加一个层级，折价大约减少 20%，说明投资者认为金字塔层级是有益的。不过，他的研究样本中层级大于 3 的较少，无法说明层级延长所带来的代理问题。其次，当金字塔层级达到最优层级并继续增加时，政府干预企业的能力越来越弱，内部人控制所产生的代理问题变得严重起来，并且由政府干预减少所带来的政治成本的减少量小于内部人控制程度增加所带来的代理成本的增加量，"掏空效应"居于主导地位。实际上，在公司治理与监督约束制度脆弱的环境里，国有企业过长的层级可能超出效率边界，损害下属公司价值。一方面，层级的增长将使下层公司经理人员毋庸置疑地会比终极控制人以及其他处于较高层级企业管理人员拥有更多的信息。信息的优势使金字塔内部处于较低层级公司经理人员成为这些公司经营决策的真实制定人，而在整个企业内部沟通这些信息并做出有利于企业的决策，其成本非常高昂。另一方面，国有企业是一个特殊主体，由于企业经理人员往往在企业不持有股份或持有的股份较少，剩余索取权与控制权分离的问题十分严重。在缺乏有效的监督与约束的情况下，金字塔下层企业经理人有着比民营企业更强的动机去利用个人的信息优势谋取利益，而监督这些行为的成本将非常高昂。

因此，当金字塔层级在单一层级与最优层级之间，金字塔层级增加产生的“保护效应”在限制政府的干预或政府控制的同时，也部分地抑制了内部人代理问题，起到保护公司产权的作用；当金字塔层级达到最优层级并继续增加时，金字塔层级增加产生的“掏空效应”是政府下放控制权，产生严重的内部人代理问题的一种必然结果。一方面，控制权的下放为内部人使用自由现金流进行过度投资以获取个人私利创造了条件；另一方面，内部人也有可能偏好于在公司内部积累现金以便较容易地实现其利益侵占行为，从而导致投资不足现象的发生。

基于以上分析，本章提出以下假设。

假设2：其他条件保持相同，国有控股上市公司金字塔层级与过度投资和投资不足之间均存在“U”形曲线关系。

第三节　研究设计

本节的研究思路是，首先借鉴 Richardson（2006），辛清泉、林斌与王彦超（2007）的模型，估算出企业正常的投资水平，然后，用企业实际的投资水平与估算的企业正常的投资水平之差（即回归残差）代表企业的投资过度程度（残差大于0）和投资不足程度（残差小于0），并用经营活动产生的净现金流与估算的企业正常的投资水平之差代表企业的自由现金流量。随后，将估算得到的投资过度和投资不足作为被解释变量，对自由现金流量、国有控股类别哑变量与自由现金流量的交互项及相关控制变量进行回归，考察国有控股类别不同，导致的政府控制上市公司的力度以及内部人控制程度的差异对自由现金流的过度投资的影响，最后从金字塔结构角度进一步考察这种差异对投资过度和投资不足的影响。

一　样本选取和数据来源

本章使用中国沪深股市2005—2012年共8年的所有A股上市公司为初始样本，剔除如下公司：（1）金融行业的上市公司。我们之所以排除了金融行业，是因为金融行业公司的负债不同于非金融行业的公司。（2）终极控制人性质不详的公司。由于本章主要研究政府干预对其控制的上市公司投资活动的影响，若根据上市公司披露的终极控制人资料无法确定是国有控股还是非国有控股，本章就将其判断为终极控制人性质不详。（3）终极控制人为非国有控股的公司。色诺芬公司治理结构数据库将公司最终控制人类别定义为六大类型：国有控股、民营控股、外资控股、集体控股、社会团体控股、职工持股会控股。本章将后五种类型的上市公司定义为非国有控股上市公司。（4）数据不全的公司，如控股股东与金字塔层级无法获取或财务等相关数据缺失的公司。并且，对于本章所使用到的主要连续变量，为了消除极端值的影响，本章还对处于0—1%和99%—100%的极端值样本进行剔除。经过筛选后，本章最终得到了7120个年度观察值。

本章所使用的数据主要包括财务数据、控股股东数据与金字塔层级数据，财务数据来源于香港理工大学与深圳国泰安信息技术有限公司联合开发的CSMAR数据库查询系统，控股股东数据来源于北京大学中国经济研究中心的色诺芬数据库（CCER）以及巨潮咨询网（www. cninfo. com）公司年度报告中“股本变动及股东情况”部分，金字塔层级数据逐一查阅各公司年报“公司与实际控制人之间的产权及控制关系方框图”部分整理得到。

二　实证设计与变量定义

1. 过度投资和投资不足的度量

鉴于本书第四章已经采用公司预期投资支出模型对过度投资进行了度量，而投资不足的度量也可以采用公司预期投资支出模型进行估计。因此，本章仍旧采用第四章公司预期投资支出模型（4-1）

对过度投资和投资不足进行估计。

$$Invest_{i,t} = a_0 + a_1 Lev_{i.t-1} + a_2 Size_{i,t-1} + a_3 Cash_{i,t-1} + a_4 Growth_{i,t-1} + a_5 Return_{i,t-1} + a_6 Age_{i,t-1} + a_7 Invest_{i,t-1} + \sum Industry + \sum Year + \mu_{i,t}$$

具体变量定义如表 5－1 所示。

表 5－1　变量说明

变量名称		变量说明
因变量	*Invest*	表示实际新增投资支出，为构建固定资产、无形资产和其他长期资产所支付的现金、处置固定资产、无形资产和其他长期资产而收回的现金之差与年初资产总额的比值
	*Over*1	与销售收入增长率对应的模型的正残差表示过度投资
	*Over*2	与托宾 Q 对应的模型的正残差表示过度投资
	*Under*1	与销售收入增长率对应的模型的负残差表示投资不足
	*Under*2	与托宾 Q 对应的模型的负残差表示投资不足
解释变量	*Fcf*	自由现金流，等于经营活动产生的净现金流量和预期的当年预期投资之后的余额与平均总资产之比。其中，当年预期投资为模型（5－1）估算的资本投资
	Soe	表示国有控股上市公司控股股东类别，如为政府机构控制，则 *Soe* ＝1；如为国有企业控制，则 *Soe*＝0①

① 本章根据国有控股上市公司自身行为行政性倾向还是市场化倾向情况，将它们划分为政府机构控制的上市公司和国有企业控制的上市公司。借鉴 Chen 和 Wang（2005）一文的划分，如果上市公司直接控股股东属于国资委（局）、财政局等政府机关、国有资产经营或投资公司等，则将他们定义为政府机构，其控制的上市公司划分为政府机构控制的上市公司。政府机构行政色彩强烈，政府意志体现较为明显，如果他们作为上市公司控股股东，上市公司受到的行政干预将更强烈。相反，剩余的国有控股上市公司，其控股股东为国有企业，要么是国有独资企业要么是非独资国有企业。由于他们是市场经济中的经营主体，独立经营、自负盈亏，同时接受上级部门的业绩考核，经营市场化导向更显著。作为上市公司控股股东，他们的决策更多的是从经营绩效角度来考虑，行政色彩较弱，而且处在政府与上市公司之间，在某种程度上减弱了政府直接干预上市公司的能力。因此，相比前一类型上市公司，由国有企业控制的上市公司受到行政干预更弱。

续表

变量名称		变量说明
解释变量	*Layer*	从最终控制人到样本上市公司金字塔层级数①
控制变量	*Growth*	托宾 Q 或销售收入增长率。其中，托宾 Q 为市场价值与账面价值之比
	Lev	资产负债率，为负债与总资产的比率
	Cash	年末现金与短期投资之和同总资产的比率
	Size	总资产的自然对数
	Return	股票年度回报率
	Age	公司上市年龄
	Mfee	公司管理费用与主营业务收入之比
	Occuppy	为其他应收款占总资产的比例

2. 自由现金流的度量

相关论证参见第四章第四节。

3. 自由现金流与过度投资

相关模型的构建参见第四章第四节模型（4－3）：

$$Over_{i,t} = \beta_0 + \beta_1 Fcf_{i,t} + \beta_2 Pos\_\ Fcf_{i,t} + \beta_3 Neg\_\ Fcf_{i,t} + v_{i,t}$$

4. 现金持有与投资不足

代理问题严重的公司可能将企业资源更多地以现金等流动资产方式持有，就减少了企业用于扩大规模所需的资源，导致企业丧失乃至浪费目前较好的投资机会，从而引起投资不足。本章为检验现金持有与投资不足行为的关系，建立如下模型：

$$UnderINV_{i,t} = \beta_0 + \beta_1 Cash_{i,t} + \sum Control_{i,t} + \sum Industry + \sum Year + \nu_{i,t} \qquad (5-1)$$

其中，因变量为模型（4－1）中的负残差的绝对值，β_1 为现金

① 对于金字塔层级数的计算，参照 Fan 、Wong 和 Zhang（2005）的研究，从最终控制人开始到控股股东，控制链上每一单位（个人），算一个层级，不包括上市公司本身。如果最终控制人到上市公司的控制链不止一条，则以层级最多的一链为准计算金字塔层级。

持有与投资不足相关程度的系数。如果 β_1 显著大于 0，则表明现金持有水平高的公司更容易发生投资不足行为。

5. 国有控股类别、金字塔结构与自由现金流的过度投资

在自由现金流和过度投资变量都确定以后，本章采用模型（5-2）来检验上述假设 1，模型（5-3）检验假设 2：

$$Over_{i,t} = \beta_0 + \beta_1 Fcf_{i,t} + \beta_2 Soe_{i,t} \times Fcf_{i,t} + \sum Control_{i.t} + \sum Industry + \sum Year + \nu_{i,t} \quad (5-2)$$

$$Over_{i,t} = \beta_0 + \beta_1 Fcf_{i,t} + \beta_2 Layer_{i,t} \times Fcf_{i,t} + \beta_3 Layer^2_{i,t} \times Fcf_{i,t} + \sum Control_{i.t} + \sum Industry + \sum Year + \nu_{i,t} \quad (5-3)$$

在模型（5-2）和模型（5-3）中，因变量为模型（4-1）中的正残差。*Soe* 表示国有控股上市公司控股股东类别，如为政府机构控制，则 $Soe=1$；如为国有企业控制，则 $Soe=0$。*Layer* 为金字塔层级代理变量。*Control* 是一组控制投资过度的变量。考虑到代理成本是影响投资效率的主要因素，参考 Richardson（2006）、姜国华和岳衡（2005）以及程仲鸣、夏新平与余明桂（2008）的研究，我们使用管理费用率（*Mfee*）和大股东占款（*Occuppy*）作为控制变量。同样地，我们在模型中也加入了行业虚拟变量和年度虚拟变量。

6. 金字塔结构与现金持有的投资不足

在现金持有与投资不足的相互关系都确定以后，本章采用模型（5-4）来检验假设 2：

$$UnderINV_{i,t} = \beta_0 + \beta_1 Cash_{i,t} + \beta_2 Layer_{i,t} \times Cash_{i,t} + \beta_3 Layer^2_{i,t} \times Cash_{i,t} + \sum Control_{i.t} + \sum Industry + \sum Year + \nu_{i,t} \quad (5-4)$$

在模型（5-4）中，*Layer* 为金字塔层级代理变量。*Control* 是一组控制投资过度或投资不足的变量。考虑到代理成本是影响投资效率的主要因素，参考 Richardson（2006）、姜国华和岳衡（2005）以及程仲鸣、夏新平与余明桂（2008）的研究，我们使用管理费用率（*Mfee*）和大股东占款（*Occuppy*）作为控制变量。同样地，我们

在模型中也加入了行业虚拟变量和年度虚拟变量。

第四节 实证检验结果与分析

1. 预期投资模型的估计与描述性统计

表5－2报告了模型（4－1）的回归结果，两个回归的被解释变量均为新增资本投资支出，其目的是为了根据模型（4－1）估算回归残差，从而得到公司的投资不足与投资过度估计值。表5－2中的回归结果表明，投资机会替代变量无论是销售收入增长率还是托宾Q值，都显著地正向影响公司的新增投资。上一期的现金持有量与当期新增投资水平正相关，表明企业更愿意优先利用闲置财务资产进行投资以避免外部融资所招致的额外监管和信息披露。其他主要变量如公司规模、负债率及上期新增投资等变量与预期符号一致。

表5－2　　　　预期资本投资模型的回归结果

变量	预期符号	Growth：销售收入增长率		Growth：Tobin－Q	
		系数	t值	系数	t值
Intercept		－0.064 **	－2.243	－0.075 ***	－2.956
$Cash_{i,t-1}$	+	0.035 ***	3.478	0.038 ***	3.112
$Lev_{i,t-1}$	－	－0.007 **	－2.167	－0.013 ***	－2.874
$Invest_{i,t-1}$	+	0.345 ***	25.216	0.318 ***	26.147
$Size_{i,t-1}$	+	0.009 ***	3.982	0.007 ***	4.219
$Growth_{i,t-1}$	+	0.004 ***	3.563	0.005 ***	3.764
$Return_{i,t-1}$	+	0.024 ***	6.561	0.018 ***	7.125
$Age_{i,t-1}$	－	－0.003 ***	－5.108	－0.004 ***	－5.457
Industry		Control		Control	
Year		Control		Control	
Adj. R^2		0.374		0.378	
N		7120		7120	

注：**、***分别表示在5%和1%的水平上显著。

表5－3报告了有关变量描述性统计结果。由表5－3 Panel A可知，国有控股上市公司新增投资总量中过度投资占比超过40%。自由现金流均值为0.019，表明样本企业普遍拥有一定量的自由现金流，这为过度投资行为创造了条件。管理费用率和大股东占款的均值（中位数）分别为0.063（0.042）、0.037（0.015）。国有控股类别均值为0.145，表明了发生过度投资的样本企业中85.5%都为国有企业控制的上市公司。金字塔层级的均值（中位数）为2.512（2.009），最大值（最小值）为7（1），说明金字塔结构在国有控股上市公司是普遍存在的，而且统计发现，两层与三层金字塔结构是最普遍的。由表5－3 Panel B可知，国有控股上市公司投资不足的均值为0.030，现金持有的均值为0.207，表明样本企业现金持有水平普遍较高，这将可能导致投资不足行为的发生。

表5－4和表5－5列示的是主要变量的Pearson相关系数。若从两两相关系数看，过度投资（*Over*）与 $Soe \times Fcf$ 之间的相关系数，虽然在方向上并不如预期的符号，也不显著，但却与 $Layer \times Fcf$ 和 $Layer^2 \times Fcf$ 之间的相关系数是显著的。因此，需要进一步通过回归检验结果来分析其间的作用关系。考虑到自由现金流（*Fcf*）、$Layer \times Fcf$ 和 $Layer^2 \times Fcf$ 三个变量之间的两两相关系数较大，均超过了0.75，这意味着，这三个变量之间可能存在多重共线性。所以在估计模型（5－3）时，如果变量之间存在多重共线性，我们拟将模型（5－3）中的自由现金流（*FCF*）按大小等分成高、中、低三组，考察三组间 *Layer* 和 $Layer^2$ 的系数是否有显著差异，以进一步检验金字塔层级对过度投资的影响。现金持有（*Cash*）、$Layer \times Cash$ 和 $Layer^2 \times Cash$ 三个变量之间的两两相关系数较大，均超过了0.80，这意味着，这三个变量之间也可能存在多重共线性。所以在估计模型（5－4）时，如果变量之间存在多重共线性，我们拟将模型（5－4）中的现金持有（*Cash*）按大小等分成高、中、低三组，考察三组间 *Layer* 和 $Layer^2$ 的系数是否有显著差异，以进一步检验金字塔层级对投资不足的影响。另外，在进行回归时，如果某一行业

已经没有样本，则将该行业虚拟变量剔除出回归方程。

表5-3　　描述性统计

变量	Panel A：以 Over1 计量					变量	Panel B：以 Under1 计量				
	均值	中位数	标准差	最大值	最小值		均值	中位数	标准差	最大值	最小值
Invest	0.119	0.101	0.087	0.457	-0.019	*Invest*	0.078	0.046	0.093	0.421	-0.035
*Over*1	0.052	0.030	0.073	0.383	0.000	*Under*1	0.030	0.025	0.034	0.284	0.000
Fcf	0.019	0.013	0.145	2.612	-0.689	*Cash*	0.207	0.149	0.251	4.234	0.000
Mfee	0.063	0.042	0.379	12.981	-0.012	*Mfee*	0.052	0.037	0.318	11.165	-0.016
Occuppy	0.037	0.015	0.069	0.743	0.000	*Occuppy*	0.028	0.013	0.074	0.733	0.000
Soe	0.145	0.000	0.358	1.000	0.000	*Soe*	0.140	0.000	0.321	1.000	0.000
Layer	2.512	2.009	0.961	7.000	1.000	*Layer*	2.458	1.997	0.914	7.000	1.000

表5-4　　发生过度投资主要变量的 Pearson 相关系数

	Over	*Fcf*	*Mfee*	*Occuppy*	*Soe*×*Fcf*	*Layer*×*Fcf*	$Layer^2$×*Fcf*
Over	1.000	0.108 (0.000)	-0.034 (0.325)	-0.156 (0.000)	0.015 (0.538)	0.103 (0.001)	0.084 (0.005)
Fcf	0.112 (0.000)	1.000	0.105 (0.002)	0.035 (0.308)	0.626 (0.000)	0.968 (0.000)	0.793 (0.000)
Mfee	-0.034 (0.261)	0.114 (0.000)	1.000	0.002 (0.874)	0.145 (0.000)	0.124 (0.000)	0.120 (0.000)
Occuppy	-0.145 (0.000)	0.062 (0.049)	0.008 (0.894)	1.000	0.031 (0.207)	0.035 (0.282)	0.026 (0.456)
Soe×*Fcf*	0.016 (0.546)	0.603 (0.000)	0.146 (0.000)	0.037 (0.309)	1.000	0.547 (0.000)	0.350 (0.000)
Layer×*Fcf*	0.089 (0.003)	0.962 (0.000)	0.137 (0.000)	0.065 (0.043)	0.494 (0.000)	1.000	0.933 (0.000)
$Layer^2$×*Fcf*	0.078 (0.009)	0.804 (0.000)	0.130 (0.000)	0.052 (0.079)	0.318 (0.000)	0.952 (0.000)	1.000

注：a. 下三角形区为以 Over1 计算的主要变量的相关系数；上三角形区为以 over2 计算的主要变量的相关系数。b. 括号内为相关系数的显著性水平（p-values）。

表 5 - 5　　发生投资不足主要变量的 Pearson 相关系数

	Under	*Cash*	*Mfee*	*Occuppy*	*Layer* × *Cash*	*Layer*^{2} × *Cash*
Under	1.000	0.247 (0.000)	-0.044 (0.057)	-0.163 (0.000)	0.115 (0.002)	0.087 (0.006)
Cash	0.254 (0.000)	1.000	0.117 (0.000)	0.029 (0.284)	0.881 (0.000)	0.752 (0.000)
Mfee	-0.053 (0.068)	-0.078 (0.053)	1.000	0.005 (0.806)	0.146 (0.000)	0.132 (0.000)
Occuppy	-0.168 (0.000)	0.035 (0.168)	0.005 (0.816)	1.000	0.043 (0.212)	0.036 (0.409)
Layer × *Cash*	0.107 (0.005)	0.903 (0.000)	0.140 (0.000)	0.074 (0.048)	1.000	0.917 (0.000)
Layer^2 × *Cash*	0.084 (0.007)	0.798 (0.000)	0.135 (0.000)	0.058 (0.081)	0.945 (0.000)	1.000

注：a. 下三角形区为以 Under1 计算的主要变量的相关系数；上三角形区为以 under2 计算的主要变量的相关系数。b. 括号内为相关系数的显著性水平（p - values）。

2. 自由现金流量与过度投资的回归分析

为检验自由现金流量与过度投资行为的关系，根据模型（4 - 3）进行回归分析，结果见表 5 - 6。从表 5 - 6 中 Panel A 回归结果可知，自由现金流量与过度投资行为显著正相关，回归系数为 0.045（显著性水平为 1%）；自由现金流量为正时与过度投资行为的回归系数为 0.080（显著性水平为 1%），大于全样本分析的回归系数，自由现金流量为负时与过度投资行为回归系数为 - 0.067，显著小于自由现金流量为正时的回归系数，表明我国国有控股上市公司存在过度投资行为，且自由现金流量丰富的公司更容易发生过度投资行为。表 5 - 6 中 Panel B 的结果与表 5 - 6 中 Panel A 基本一致，同样支持自由现金流量丰富的公司更容易发生过度投资行为。

表5-6　　自由现金流量与过度投资的回归分析

Panel A：以 Over1 为因变量			Panel B：以 Over2 为因变量		
变量	模型1	模型2	变量	模型1	模型2
Intercept	0.048 *** (29.154)	0.043 *** (21.685)	*Intercept*	0.053 *** (30.569)	0.048 *** (22.452)
Fcf	0.045 *** (3.782)		*Fcf*	0.048 *** (3.755)	
Pos_ Fcf		0.080 *** (5.451)	*Pos_ Fcf*		0.087 *** (5.692)
Neg_ Fcf		-0.067 ** (-2.326)	*Neg_ Fcf*		-0.069 ** (-2.234)
Adj. R^2	0.011	0.023	Adj. R^2	0.013	0.025
N	2666	2666	N	2645	2645

注：表中数据为各自变量的回归系数，括号内的数字为t检验值，**、***分别表示在5%和1%的水平上显著。

3. 现金持有与投资不足的回归分析

为检验现金持有与投资不足行为的关系，根据模型（5-1）进行回归分析，结果见表5-7。从表5-7的回归结果可知，现金持有与投资不足行为的回归系数分别为0.174和0.180（显著性水平为1%），表明我国国有控股上市公司存在投资不足行为，且现金持有水平高的公司更容易发生投资不足行为。

表5-7　　现金持有与投资不足的回归结果

Panel A：以 Under1 为因变量		Panel B：以 Under1 为因变量	
变量	模型（3）	变量	模型（4）
Intercept	0.033 *** (8.456)	*Intercept*	0.034 *** (8.681)
Cash	0.174 *** (8.097)	*Cash*	0.180 *** (8.128)

续表

Panel A：以 Under1 为因变量		Panel B：以 Under1 为因变量	
变量	模型（3）	变量	模型（4）
Occuppy	-0.024 (-0.708)	*Occuppy*	-0.027 (-0.784)
Mfee	-0.080*** (-3.407)	*Mfee*	-0.083*** (-3.436)
Year	Control	*Year*	Control
Industry	Control	*Industry*	Control
Adj. R2	0.087	Adj. R2	0.156
N	4454	N	4475

注：表中数据为各自变量的回归系数，括号内的数字为 t 检验值，*** 表示 1% 的水平上显著。

4. 国有控股类别、金字塔层级与过度投资的回归分析

表 5-8 列出了国有控股类别、金字塔结构与自由现金流的过度投资的回归结果。其中，两个 Panel 中模型 1 是没有考虑国有控股类别和金字塔结构影响的结果，模型 2 引入 *Soe* × *Fcf* 交互项，是为了考察国有控股类别不同，导致的政府控制上市公司的力度以及内部人控制程度的差异对自由现金流的过度投资的影响。而模型 3 引入 *Layer* × *Fcf* 和 $Layer^2$ × *Fcf* 交互项，是为了进一步考察金字塔层级不同所导致的这种差异对自由现金流的过度投资的影响。考虑到实证研究中可能存在异方差问题，在以下所有的回归中，用了 White 检验来检验异方差，发现并不存在异方差性。

表 5-8　国有控股类别、金字塔层级与过度投资的回归分析

Panel A：以 Over1 为因变量			
变量	模型 1	模型 2	模型 3
Intercept	0.057*** (5.515)	0.058*** (5.526)	0.057*** (5.469)

续表

Panel A：以 Over1 为因变量			
变量	模型 1	模型 2	模型 3
Fcf	0.064*** (4.713)	0.077*** (4.895)	0.335*** (3.330)
Soe × *Fcf*		-0.056* (-1.727)	
Layer × *Fcf*			-0.206*** (-2.736)
$Layer^2$ × *Fcf*			0.037*** (2.654)
Occuppy	-0.099*** (-3.337)	-0.098*** (-3.301)	-0.089*** (-3.190)
Mfee	-0.007 (-1.346)	-0.008 (-1.215)	-0.008 (-1.073)
Year	*Control*	*Control*	*Control*
Industry	*Control*	*Control*	*Control*
Adj. R^2	0.093	0.096	0.098
N	2666	2666	2666
Panel B：以 Over2 为因变量			
变量	模型 1	模型 2	模型 3
Intercept	0.054*** (5.287)	0.055*** (5.295)	0.054*** (5.305)
Fcf	0.069*** (4.904)	0.090*** (5.273)	0.336*** (3.095)
Soe × *Fcf*		-0.063** (-2.276)	
Layer × *Fcf*			-0.196** (-2.510)
$Layer^2$ × *Fcf*			0.039** (2.482)

续表

Panel B：以 Over2 为因变量			
变量	模型 1	模型 2	模型 3
Occuppy	-0.095*** (-3.283)	-0.090*** (-3.304)	-0.089*** (-3.279)
Mfee	-0.007 (-1.095)	-0.006 (-0.998)	-0.007 (-0.903)
Year	Control	Control	Control
Industry	Control	Control	Control
Adj. R^2	0.094	0.096	0.097
N	2645	2645	2645

注：表中数据为各自变量的回归系数，括号内的数字为 t 检验值，*、**、*** 分别表示在 10%、5% 和 1% 的水平上显著。

从表 5-8 中的两个 Panel 中模型 1 容易发现，自由现金流（*Fcf*）与过度投资显著正相关，说明公司的自由现金流越多，越容易出现过度投资行为，这与 Richardson（2006），辛清泉、林斌与王彦超（2007）以及杨华军和胡奕明（2007）的实证结果相一致。大股东占款（*Occuppy*）与过度投资负相关，这可能是因为大股东占款导致了上市公司资金紧张，由此削减了投资支出所致。管理费用率（*Mfee*）与过度投资负相关，但并不显著。此外，表 5-8 中的两个 *Panel* 中的模型 2 和模型 3，本章分别纳入 $Soe \times Fcf$ 以及 $Layer \times Fcf$ 和 $Layer^2 \times Fcf$ 交互项进行检验。检验表明，上述结果并不受引入交互项的影响。

表 5-8 中的两个 Panel 中的模型 2 为对国有控股类别影响的回归结果。从 Panel A 中可以看出，$Soe \times Fcf$ 交互项的系数仅在 10% 水平上显著为负，而在 Panel B 中，$Soe \times Fcf$ 交互项的系数依旧为负，但其显著性水平却提高到 5%。这说明，在一定程度上，国有企业控制的上市公司自由现金流的过度投资显著不同于政府机构控制的上市公司，而且在经济意义上，两个 Panel 中的模型 2 表明，

前者自由现金流的过度投资比后者分别高0.056（0.077/0.021）和0.063（0.090/0.027），国有企业控制的上市公司更倾向于使用自由现金流进行过度投资。对于产生这种现象的原因，我们认为，对国有企业控制的上市公司，其控股股东为国有企业，他们处在政府与上市公司之间，尽管在某种程度上减弱政府直接干预上市公司的能力，但由政府减少干预所带来的内部人控制的代理问题更为严重。政府减少对企业的干预会产生两个效应：一方面，增强企业经营行为和经营环境的可预期性，即“可预期效应”，这意味着公司投资决策上所承担的社会性目标的减少以及不确定性程度的降低，企业经营的目标更加明确，即以经济利益最大化为目标函数；另一方面，会减少对企业内部人监督的力度，导致内部人控制的代理问题，内部人不受约束的机会主义倾向会导致投资决策上的过度投资行为的发生，即“内部人控制效应”。国有企业控制的上市公司其“内部人控制效应”较强，“可预期效应”较弱，因此在“内部人控制效应”的作用下，国有企业控制的上市公司有使用自由现金流进行过度投资倾向。对于政府机构控制的上市公司而言，由于政府机构股东本身就是政府部门或类政府部门，尽管其行政干预程度较深，但在一定程度上限制了内部人的机会主义行为。政府对企业的干预同样会产生两个效应：一方面，政府出于经济目标或个人政治晋升目标，对公司投资决策进行干预，导致其所控制的国有上市公司投资扭曲，使公司的投资决策偏离股东价值最大化，从而形成对股东财富的侵占与掠夺，即“掠夺效应”；另一方面，抑制企业内部人控制的代理问题，保护公司产权免受内部人侵占，即“保护效应”。政府机构控制的上市公司其“掠夺效应”较强，“保护效应”较弱，因此在“掠夺效应”的作用下，政府机构控制的上市公司也有使用自由现金流进行过度投资倾向。但国有企业控制的上市公司由政府减少干预所导致的内部人控制的“负面效应”大大超过政府机构控制的上市公司所存在的政府“掠夺效应”，这是国有企业控制的上市公司与政府机构控制的上市公司相比更倾向于使用自由现金流进行过度投资的根本原因。

表 5 - 8 中的两个 Panel 中的模型 3 为对金字塔结构对过度投资影响的回归结果。从回归结果可以看出，尽管度量自由现金流的过度投资随金字塔层级变动而变动的 *Layer* × *Fcf* 项和 $Layer^2$ × *Fcf* 项，前者系数显著为负，后者系数虽然显著为正，初步表明金字塔层级与自由现金流的过度投资之间存在“U”形的曲线关系，但由于模型 3 解释变量的方差膨胀因子（VIF）大于 10，说明变量之间存在因多重共线性现象而使模型估计失真或难以估计准确的问题。为了尽可能地消除多重共线性对建模准确性与可靠性所带来的影响，我们将模型 3 中的自由现金流（*Fcf*）按大小等分成高、中、低三组，考察三组间 *Layer* 和 $Layer^2$ 的系数是否有显著差异，以进一步检验金字塔层级对过度投资的影响。由于在对低自由现金流组和中自由现金流组数据进行回归时发现这两组 *Layer* 和 $Layer^2$ 的系数都不显著，因此，我们对这两组的回归结果并没有报告，只报告了高自由现金流组的回归情况，其回归结果如表 5 - 9 所示。

表 5 - 9　　金字塔层级与过度投资的回归结果①

Panel A：以 Over1 为因变量		Panel B：以 Over2 为因变量	
变量	高自由现金流组	变量	高自由现金流组
Intercept	0.091*** (4.216)	Intercept	0.097*** (4.384)
Layer	-0.145** (-2.262)	Layer	-0.131* (-1.945)
$Layer^2$	0.174** (2.014)	$Layer^2$	0.165* (1.983)
Occuppy	-0.086 (-0.984)	Occuppy	-0.105 (-1.218)

① 模型回归前，我们对自变量金字塔层级（*Layer*）有序分类变量进行了标准化处理，将其转化为 0—1 的连续变量，以避免自变量 *Layer* 和 $Layer^2$ 之间由于高度相关可能存在的多重共线性问题。

续表

Panel A：以 Over1 为因变量		Panel B：以 Over2 为因变量	
变量	高自由现金流组	变量	高自由现金流组
Mfee	-0.005 (-0.749)	*Mfee*	-0.004 (-0.618)
Year	Control	*Year*	Control
Industry	Control	*Industry*	Control
Adj. R^2	0.063	Adj. R^2	0.057
N	889	N	882

注：*、**、*** 分别表示在 10%、5% 和 1% 的水平上显著。

从表 5-9 中可以看到，在高自由现金流组中，过度投资与金字塔层级的代理变量 *Layer* 的回归系数显著为负，与金字塔层级平方的代理变量 $Layer^2$ 的回归系数显著为正，这表明，在高自由现金流组中，国有上市公司金字塔层级与过度投资之间存在“U”形曲线关系。也就是说，金字塔层级的增加在一定程度上可以抑制过度投资，减少投资的扭曲，但当金字塔层级超过一定限度时，随着金字塔层级的进一步增加，企业过度投资水平就会逐渐上升。此检验结果意味着，对于投资而言，金字塔结构不仅有支持或“保护效应”，而且还存在“掏空效应”，金字塔结构虽然可以作为法律保护的一种替代机制来保护公司投资行为与产权免受政府干预与掠夺，从而减少公司投资过度，但是当金字塔层级超过一定限度时，由政府减少干预所导致的内部人控制的代理问题逐渐严重起来，内部人不受约束的机会主义倾向会导致投资决策上的过度投资行为的发生。因此，本章从投资视角为金字塔结构的“保护效应”和“掏空效应”提供了直接实证证据，并且拓展了 Riyanto 和 Toolsema（2005），Fan、Wong 和 Zhang（2005），程仲鸣、夏新平与余明桂（2008）的研究，丰富了有关金字塔结构研究的学术文献。

5. 金字塔层级与投资不足的回归分析

表 5-10 中的两个 Panel 中的模型是对金字塔结构对投资不足

影响的回归结果。而从 Panel B 中模型 1 和模型 2 的回归结果来看，因现金持有而产生的投资不足随金字塔层级变动而变动的 *Layer* × *Cash* 项和 $Layer^2$ × *Cash* 项，前者系数显著为负，后者系数虽然显著为正，表明金字塔层级与因现金持有而产生的投资不足之间也存在“U”形的曲线关系。但由于模型 1 和模型 2 解释变量的方差膨胀因子（VIF）均大于 10，说明变量之间存在因多重共线性现象而使模型估计失真或难以估计准确的问题。为了尽可能地消除多重共线性对建模准确性与可靠性所带来的影响，我们将模型 1 和模型 2 中的现金持有（*Cash*）按大小等分成高、中、低三组，考察三组间 *Layer* 和 $Layer^2$ 的系数是否有显著差异，以进一步检验金字塔层级对投资不足的影响。由于在对低自由现金流组、中自由现金流组、低现金持有组以及中现金持有组数据进行回归时发现这四组 *Layer* 和 $Layer^2$ 的系数都不显著，因此，我们对这四组的回归结果并没有报告，只报告了高自由现金流组和高现金持有组的回归情况，其回归结果如表 5 - 11 所示。

表 5 - 10　　　　金字塔层级与投资不足的回归结果

Panel A：以 Under1 为因变量		Panel B：以 Under2 为因变量	
变量	模型 1	变量	模型 2
Intercept	0.028 *** (7.834)	*Intercept*	0.032 *** (8.248)
Cash	0.217 *** (5.128)	*Cash*	0.245 *** (5.763)
Layer × *Cash*	-0.143 * (-1.915)	*Layer* × *Cash*	-0.167 * (-1.894)
$Layer^2$ × *Cash*	0.114 * (1.936)	$Layer^2$ × *Cash*	0.137 * (1.951)
Occuppy	-0.017 (-0.819)	*Occuppy*	-0.019 (-0.634)

续表

Panel A：以 Under1 为因变量		Panel B：以 Under2 为因变量	
变量	模型 1	变量	模型 2
Mfee	-0.076*** (-3.477)	*Mfee*	-0.087*** (-3.546)
Year	Control	*Year*	Control
Industry	Control	*Industry*	Control
Adj. R^2	0.095	Adj. R^2	0.154
N	4454	N	4475

注：表中数据为各自变量的回归系数，括号内的数字为 t 检验值，*、*** 分别表示在 10% 和 1% 的水平上显著。

从表 5-11 中可以看到，在高现金持有组中，投资不足与金字塔层级的代理变量 *Layer* 的回归系数显著为负，与金字塔层级平方的代理变量 $Layer^2$ 的回归系数显著为正，这说明，在高现金持有组中，国有上市公司金字塔层级与投资不足之间也存在"U"形曲线关系。也就是说，金字塔层级的增加在一定程度上可以抑制投资不足，减少投资的扭曲，但当金字塔层级超过一定限度时，随着金字塔层级的进一步增加，企业投资不足水平就会逐渐上升。此检验结果意味着，对于投资而言，金字塔结构不仅有支持或保护效应，而且还存在"掏空效应"，金字塔结构虽然可以作为法律保护的一种替代机制来保护公司投资行为与产权免受政府干预与掠夺，从而减少公司投资不足，但是当金字塔层级超过一定限度时，由政府减少干预所导致的内部人控制的代理问题逐渐严重起来，内部人不受约束的机会主义倾向也会导致投资决策上投资不足行为的发生。因此，本章从投资视角为金字塔结构的"保护效应"和"掏空效应"提供了直接实证证据，并且拓展了 Fan、Wong 和 Zhang（2005），Riyanto 和 Toolsema（2008），程仲鸣、夏新平与余明桂（2008）的研究，丰富了有关金字塔结构研究的学术文献。

表 5-11　　金字塔层级与投资不足的回归结果

Panel A：以 Under1 为因变量		Panel B：以 Under2 为因变量	
变量	高现金持有组	变量	高现金持有组
Intercept	0.024*** (5.683)	*Intercept*	0.034*** (6.436)
Layer	-0.175** (-2.146)	*Layer*	-0.195** (-1.973)
Layer^2	0.227*** (2.659)	*Layer*^{2}	0.248*** (2.581)
Occuppy	-0.098*** (-2.814)	*Occuppy*	-0.117*** (-2.793)
Mfee	-0.068* (-1.723)	*Mfee*	-0.064* (-1.817)
Year	Control	*Year*	Control
Industry	Control	*Industry*	Control
Adj. R^2	0.145	Adj. R^2	0.147
N	1464	N	1469

注：表中数据为各自变量的回归系数，括号内的数字为 t 检验值，*、**、***分别表示在 10%、5% 和 1% 的水平上显著。

上述实证证据表明，无论从控股股东是政府机构还是国有企业角度考察政府干预国有控股上市公司的强弱，还是从国有上市公司金字塔层级的角度考察政府行政干预的强弱，我们都发现，受政府行政干预强的国有控股上市公司投资行为反而优于受内部人控制的公司。这是因为政府行政干预约束了内部人的机会主义，包括约束他们在投资决策上的机会主义。随着政府行政干预的减弱，代理冲突逐渐变得尖锐，内部人机会主义成为主要矛盾，映射到投资上，自由现金流的过度投资和现金持有所导致的投资不足行为都将变得日益严重。虽然杨华军和胡奕明（2007）的实证证据表明追求非经济效率行政干预导致企业经营者激励扭曲，映射到投资行为扭曲的决策，但是本章实证证据说明，在支持市场正常运作的基础制度尚未完善时就减少政府控制，结果并不如预期的那样如意，情况甚至可能更糟糕。在保持政府控制前提下建立和完善市场经济制度，在支持市场经济的制度基础完善后政府再退出对经济的直接干预可能是一种更为现实有效的途径。

6. 拓展性检验

限制政府对国有企业经营的直接干预是中国经济改革的初衷。为此，政府建立了全新的国有资产管理体系，组建企业集团，改革国有企业所有权结构。改革者希望通过在政府与作为市场经营主体的国有企业之间引入中间层级，防止政府直接控制和干预，这直接导致我国国有企业控股股东类型开始多元化，国有企业多层级控股结构方式不断涌现，控制链也呈增长态势。根据钟海燕、冉茂盛与文守逊（2010）的分析，当金字塔层级较少时，作为最终控制人的政府干预上市公司的难度越小，干预概率越大，国有企业经营自主权下放的程度越低；而当金字塔层级较长时，则作为最终控制人的政府干预上市公司的难度越大，干预概率越小，国有企业经营自主权下放的程度越高。因此，国有企业金字塔层级对公司价值的影响依赖于政府干预的负面效应与经营自主权下放产生的正面效应何者起主导作用。具体而言，首先，当金字塔层级较短时，政府对国有企业干预的力度还是相当大的，国有企业经营自主权较低。此时，政府具有通过其控股公司的投资活动来履行其社会职能的动机，将公共事业管理者的目标内部化于企业经营决策之中，造成公司投资决策目标多元化，使投资与否并不仅仅取决于投资项目的净现值，因而易导致出现非效率投资行为，降低公司价值。其次，当金字塔层级较长时，层级的延长增加了政府官员干预企业经营活动的成本，这一方面使国有企业从众多非经营目标中解脱出来；另一方面也迫使企业更直接地面对市场，通过效率的提高获取生存能力，因此国有企业层级增长被认为是价值增加的。法恩（Fan）等的实证分析就提供了一些证据，他们发现国有控股上市公司 IPO 折价在控制住政府动机、市场与法律环境以及公司特征后，随金字塔层级增加而减少，每增加一个层级，折价大约减少20%，说明投资者认为金字塔层级是有益的。

因此，我们预期国有企业金字塔层级对公司价值的影响，随着金字塔层级的变动而产生了“掏空效应”和“保护效应”两种相反的效应。

基于以上分析，则由此可以推论，在国有企业中，金字塔层级与公司价值之间存在“U”形曲线关系。

为了进一步检验金字塔结构对公司价值的影响，本章采用如下基本模型来检验金字塔结构和公司价值的关系：

$$TobinQ_{i,t} \text{ 或 } ROA_{i,t} = \beta_0 + \beta_1 Layer_{i,t} + \beta_2 Layer_{i,t}^2 + \sum Control_{i.t} + \sum Industry + \sum Year + \nu_{i,t} \quad (5-5)$$

在模型（5-5）中，基于市场业绩指标的Tobin's Q和会计业绩指标的ROA是国内外研究中普遍采用测度公司价值的方法。因此，本章同时采用Tobin's Q和ROA来衡量公司价值。*Layer*为金字塔层级代理变量。*Control*是一组控制公司价值的变量。我们使用公司规模（*Size*）、资产负债率（*Lev*）和公司成长机会（*Growth*）作为控制变量。此外，模型中还加入行业变量*Industry*和年度变量*Year*，以充分考虑行业效应和年度效应。按证监会的分类标准（除制造业继续划分小类外，其他行业以大类为准），共有22个行业，剔除金融业后，因而在模型中共20个行业哑变量。年度哑变量是用来控制宏观经济的影响，本章涉及8年的上市公司数据，因此共7个年度哑变量。

表5-12中的两个Panel中的模型为对金字塔结构的经济后果的回归结果。从Panel A中模型1回归结果可以看出，市场业绩指标的Tobin's Q随金字塔层级变动而变动的*Layer*项和$Layer^2$项，前者系数显著为负，后者系数显著为正，初步表明金字塔层级与公司价值之间存在“U”形的曲线关系；而从Panel B中模型2回归结果来看，会计业绩指标的ROA随金字塔层级变动而变动的*Layer*项和

$Layer^2$ 项，前者系数显著为负，后者系数显著为正，也表明金字塔层级与公司价值之间存在“U”形的曲线关系。但由于两个 *Panel* 中模型 1 和模型 2 解释变量的方差膨胀因子（*VIF*）均大于 10，说明变量之间存在因多重共线性现象而使模型估计失真或难以估计准确的问题。为了尽可能地消除多重共线性对建模准确性与可靠性所带来的影响，我们对自变量金字塔层级（*Layer*）有序分类变量进行了标准化处理，将其转化为 0—1 的连续变量，以避免自变量 *Layer* 和 $Layer^2$ 之间由于高度相关可能存在的多重共线性问题，其回归结果如表 5 - 12 所示。

表 5 - 12　　　　金字塔结构与公司价值的回归结果

Panel A：以 Tobin's Q 为因变量		Panel B：以 ROA 为因变量	
变量	模型 1	变量	模型 2
Intercept	5. 651 *** (14. 710)	*Intercept*	-0. 243 *** (-9. 644)
Layer	-0. 163 ** (-2. 472)	*Layer*	-0. 174 *** (-2. 785)
$Layer^2$	0. 185 *** (-2. 916)	$Layer^2$	0. 156 ** (-2. 417)
size	-0. 196 *** (-12. 178)	*size*	0. 218 *** (-13. 737)
Lev	0. 138 *** (-8. 576)	*Lev*	-0. 251 *** (-14. 435)
Growth	-0. 008 (-0. 976)	*Growth*	0. 043 ** (-2. 217)
Year	Control	*Year*	Control
Industry	Control	*Industry*	Control
Adj. R^2	0. 256	Adj. R^2	0. 249
F	39. 155	F	38. 638

注：表中数据为各自变量的回归系数，括号内的数字为 t 检验值，**、*** 分别表示在 5% 和 1% 的水平上显著。

从表5－13中可以看到，Tobin's Q和ROA与金字塔层级的代理变量*Layer*的回归系数显著为负，与金字塔层级平方的代理变量$Layer^2$的回归系数都显著为正，这表明，在国有企业中，金字塔层级与公司价值之间存在"U"形曲线关系。也就是说，国有企业金字塔层级对公司价值的影响，随着金字塔层级的变动而产生了"掏空效应"和"保护效应"两种相反的效应。因此，本章从公司价值视角为金字塔结构的"保护效应"和"掏空效应"提供了直接实证证据，并且拓展了Fan、Wong和Zhang（2005），Riyanto和Toolsema（2008），程仲鸣、夏新平与余明桂（2008）的研究，丰富了有关金字塔结构研究的学术文献。

表5－13　　金字塔结构与公司价值的回归结果

Panel A：以Tobin's Q为因变量		Panel B：以ROA为因变量	
变量	模型1	变量	模型2
Intercept	5.125*** (13.974)	*Intercept*	－0.257*** (－11.248)
Layer	－0.112** (－2.139)	*Layer*	－0.124*** (－2.831)
$Layer^2$	0.137** (2.489)	$Layer^2$	0.112** (2.425)
size	－0.183*** (－11.664)	*size*	0.216*** (－12.981)
Lev	0.131*** (－8.783)	*Lev*	－0.283 (－15.432)
Growth	－0.009 (－0.982)	*Growth*	0.031** (2.327)
Year	Control	*Year*	Control
Industry	Control	*Industry*	Control
Adj. R2	0.254	Adj. R2	0.247
F	39.563	F	38.236

注：表中数据为各自变量的回归系数，括号内的数字为t检验值，**、***分别表示在5%和1%的水平上显著。

上述实证证据表明，如果从国有上市公司金字塔层级的角度度量政府干预与国有企业经营自主权下放程度的相对强弱，那么我们会发现，在受政府行政干预较强的国有企业中，金字塔结构将有损公司价值，而经营自主权下放程度相对较强的国有企业中，金字塔结构确实能够增加公司价值。因此，本章的研究结论表明，与水平控制结构的国有企业相比，金字塔控股结构的国有企业还有另外一个优势。这个优势体现在金字塔控股结构底部的国有企业相对于位于金字塔控股结构上游的国有企业，拥有更多的经营自主权。这一点在分权化管理的今天，对企业价值有着一定的正面效应。金字塔控股结构不失为一种保有国有产权，同时加强政企分开、提高企业经营自主权的有效方式。而所有权与经营权的分离，代理链条的拉长（金字塔控股层级的增加），在某种程度上有助于国有企业公司价值的提高。

7. 稳健性检验

为了检验上述结论的可靠性，本章进行如下稳健性测试。

（1）由于 Richardson（2006），辛清泉、林斌与王彦超（2007）所采用的模型是基于发达市场环境提出的，假定企业整体投资正常，不存在系统性投资偏差。如果市场调节发生变化，使用该模型估计过度投资水平时可能存在偏误。为了减少因过度投资水平估计偏误带来的影响，我们将模型（4－1）的残差按大小等分成三组，然后将残差最大的一组作为投资过度组，将残差最小的一组作为投资不足组，对模型（4－3）和模型（5－1）进行敏感性测试。

（2）基于不同的样本数据。在数据可得到的情况下，为了利用较大的样本，上述结果是基于非平衡数据，样本中包括了 2005—2012 年至少 1 年、至多 8 年的样本值，这样的样本选择过程可能有偏误。因此，为了检验结果是不是基于样本的原因，对样本进行如下筛选，并重新执行上述检验：剔除样本只有 1 年的；剔除样本只有 2 年的。

（3）借鉴张功富和宋献中（2009）的研究，构建一个可以避免

Tobin's Q 衡量偏误的投资机会的替代变量——基准 Q，以如下投资模型估计最优投资，并在此基础上计算过度投资和投资不足。

$$I_{i,t}=\beta+(1/\alpha)FQ_{i,t}+\mu_{i,t}$$

其中，$I_{i,t}$为投资支出，α 为资本调整成本函数的调整系数，FQ 为反映企业投资机会的基准 Q。

（4）关于国有企业金字塔结构对公司价值影响的研究。为避免测量企业价值指标的选择造成检验误差，我们更换了价值指标，即分别对企业的市净率（MTB）、净资产收益率（ROE）等价值指标进行检验。

上述结果与前文的研究结论无实质性差异。基于稳健性检验，本章认为，结论是稳健的。限于篇幅，结果不予赘述。

第五节　本章小结

本章从国有企业改革出现行政干预下的内部人控制现象为出发点，指出政府将控制权下放出现内部人控制代理问题。由于没有发达的金融市场、经理人市场、独立审计等中介市场，公司治理机制在约束内部人控制上举步维艰，出现“一放就乱，一抓就死”的两难困境。基于这样治理结构中的国有控股上市公司在投资决策上不可避免地受到这两方面的制约，最终国有公司投资决策是政府干预与内部人控制两者博弈的均衡结果。

基于此，本章在从国有控股类别和金字塔层级两个方面测度政府干预和内部人代理冲突相对大小的基础上，以 2005—2012 年国有控股上市公司为样本，实证检验国有控股类别和金字塔层级对公司投资的影响，以全面考察行政干预下的内部人控制的控制权安排对公司投资行为的影响。实证证据表明，无论从控股股东是政府机构还是国有企业角度考察政府干预国有控股上市公司的强弱，还是从国有上市公司金字塔层级的角度考察政府行政干预的强弱，我们都发现，受政府行政干预强的国有控股上市公司投资行为反而优于受内部人控制的公司。这是因为政府行政干预约束了内部人的机会主义，包括约束它们在投资决策上的机会主义。随着政府行政干预的减弱，代理冲突逐渐变得尖锐，内部人机会主义成为主要矛盾，映射到投资上，自由现金流的过度投资和现金持有所导致的投资不足行为都将变得日益严重。

本章研究的重要意义体现在如下两个方面：第一，不仅从投资视角为理解行政干预下的内部人控制的经济后果提供了直接证据，而且还从投资视角为金字塔结构的“保护效应”和“掏空效应”提供了进一步实证证据，从而拓展了政府干预理论与金字塔结构作用的研究。第二，本章的研究还提供政策启示：在有效解决代理冲突的市场机制完善以前，政府单纯下放控制权给企业内部人的改革并不能达到预期的效果。在投资决策方面，甚至出现往不利方向变化的趋势。更好的改革途径可能是，减少政府干预强度应视市场发育程度而定。当市场化取得一定程度后，相应激励与约束在市场中能够解决，政府就应当减少相应的行政干预，交给市场；反之，应当用行政干预作为缺失的市场机制的一个替代，减少制度转换的“真空地带”。

本章研究的局限为：第一，没有进一步研究因国有控股类别不同，导致的政府控制上市公司的力度以及内部人控制程度的差异对投资不足的影响；第二，没有从内部人控制角度研究大股东控制对投资行为与投资效率影响的内在机理；第三，由于无法找到能准确度量政府干预以及内部人代理冲突相对大小的变量，只能通过国有控股类别或者金字塔层级等间接变量进行衡量，其度量的准确性与有效性将影响结论的可靠性。

第六章　大股东控制影响投资效率的路径研究

在转型时期，由于法律体系缺乏和监督力度的薄弱，我国上市公司的治理机制是大股东控制下的治理结构。我国上市公司处于大股东和内部人的共同控制之下，内部人控制在很大程度上成为大股东控制的具体表现形式（郝颖，2007）。那么，在我国转型经济和尚待完善的投资者保护的制度背景下，大股东是如何通过对股东大会、董事会和管理层等治理机制的控制影响上市公司投资效率的呢？以及上市公司的治理机制能否有效制约大股东对投资效率产生的“损耗效应”呢？针对上述问题，本章在使用随机前沿分析（SFA）测度中国上市公司投资效率的基础上，将股权结构、公司治理机制、投融资行为与投资效率纳入一个统一的框架体系，运用通径分析方法建立通径模型，对大股东控制影响投资效率的路径和内在机理进行实证分析，以鉴定中国资本市场的资源配置效率。

第一节　引言

传统的委托—代理理论旨在关注分散所有权结构下，控制权和所有权分离所导致的股东与经理、股东与债权人之间的利益冲突，由此导致的投资不足和过度投资等非效率投资行为。但是，随着大股东持股比例的增加，股东与经理之间的代理冲突会有所缓解，甚至会因大股东与小股东的代理冲突的凸显而退居次要地位。当大股东持股比例高于某一临界值时，大股东有足够的控制力，实施有利于自身利益的投资以构建控制性资源，攫取控制权私有收益。La Port 等（2000）的研究表明，去除股权同质性假定后，在所有权集中条件下，由于公司现金流权和控制权的分离，控股大股东将会有强烈的动机使公司的投资行为与股东利益最大化目标发生偏移，通过企业的非效率投资行为获取控制权私人收益，侵害中小股东的利益。Dyck 和 Zingale（2004）针对控制权收益的跨国比较后发现，控制性资源的聚集规模越大，控股股东就越有可能通过控制更大规模的资源在时间和空间维度上的分配，制定有利于自身利益目标的投资决策；Aggarwal 和 Samwick（2006）认为，在集中型所有权结构下，控制性股东利益主导下的企业投资决策，将控制权收益而非公司价值的最大化作为其决策目标，导致了非效率投资的产生。而就我国的实际情况而言，上市公司的股权高度集中，企业资源配置和财务决策通常处于大股东的超强控制之下。另外，在转型时期，由于法律体系缺乏和监督力度的薄弱，我国上市公司的治理机制主要表现为大股东主导模式。大股东操纵了股东大会、董事会和管理层，使得上市公司的治理结构失衡。即使我国于 2007 年进行了股权分置改革后，大股东控制现象仍然尤为明显。那么，在我国转型经济和尚待完善的投资者保护的制度背景下，大股东是如何通过对股东大会、董事会和管理层等治理机制的控制影响上市公司投资效率的呢？以及上市公司的治理机制能否有效制约大股东对投资效率产生的“损耗效应”呢？对这些问题的研究和解答，不仅有助于深入理解大股东控制影响投资效率的内在机理，而且对于如何监督和控制我国大股东控制条件下的非效率投资行为，提高中国资本市场的资源配置效率，也有着现实的指导意义。

目前，国内外针对股权结构在公司治理中所发挥的作用及其效率的研究，主要是基于公司绩效或价值视角下进行的，其研究不仅尚不够深入，也远没有达成一致的意见。究其原因，笔者认为这些研究文献主要存在以下两个方面问题：（1）所选择的公司绩效或价值指标不足以揭示股权结构对上市公司的影响。传统的反映公司绩效的财务指标很容易受到人为操纵，市场价值又很难被准确计算出来。因而，寻找一个相对客观且难以操纵的指标来补充传统的公司绩效分析就显得十分必要。(2) 现有研究大多侧重于股权结构及性质对公司绩效或价值的影响，通过简单的回归方程进行分析，而对股权结构是如何影响公司绩效或价值问题解构的非充分性，使得股权结构与公司绩效或价值之间关系的探索仍然有待进一步的深入。

然而，股权结构是如何影响公司绩效或价值的呢？张伏波(2004) 在其博士论文中提出了股权结构—公司治理—公司绩效模型，认为股权结构决定公司治理结构，公司治理结构决定了企业经营的绩效和市场价值。辛清泉、林斌等（2007）和王化成、李志杰等（2008）的研究对公司治理—公司绩效环节进行了进一步扩展，认为公司治理影响公司绩效或价值需要“中间桥梁”来实现，即公司治理首先会影响企业行为，这些行为继而会对公司绩效或价值产生影响。从上述研究可以看出，股权结构影响公司绩效或价值存在某种特殊的机制或路径，即股权结构首先会影响公司治理，而公司治理又会对企业行为产生影响，这些行为继而会对公司绩效产生影响。在中国特殊的制度背景下，我国上市公司股权结构表现为以非流通股居主导地位的股权高度集中模式，在这种模式下，上市公司普遍存在控股股东“圈钱”问题，以中小股东利益为代价追求自身利益等机会主义行为。同时，由于缺乏有效的经理人市场，经理人员通常由大股东委派，因此，公司的决策更多体现的是大股东的意愿。公司的股东通过股权比例可以控制股东大会，进而决定公司的重大决策，而且公司的董事会和经营层由股东大会确定。因此，上市公司大股东处于控制链的最高端，能够凭借其拥有的控制权对以董事会、债权人、经营者为参与者的各种治理机制产生影响。股权结构对公司治理如果有影响，最终就会影响公司的治理效率，因此，直接研究股权结构对公司治理效率的影响，毫无疑问是重要的。但是，从逻辑上来说，股权结构与公司治理效率没有直接的关系。公司治理效率是企业运用现有资源，执行各项决策的产出，而股权结构是剩余控制权和剩余索取权安排的基础，因而也是公司治理的基础。不同的股权结构必然影响股东对管理者实施控制和监管的能力及动机，进而影响管理者的决策行为（投融资决策），最终影响企业投资效率，即企业投资效率是管理者决策的直接函数，而管理者决策是大股东控制及公司治理机制的函数。

基于上述分析，本章拟将开展关于大股东控制对上市公司投资效率影响的路径的实证研究。与已有相关研究相比，本章的特色和改进主要体现于：（1）与传统的公司绩效指标相比，投资效率指标能够真实反映企业经营活动的资源配置状况，符合帕累托效率标准，在真实性、可靠性和稳定性上有明显的优势。因此，我们选择了投资效率而非公司绩效或价值指标作为研究目标，这有助于研究结论的客观性。（2）根据大股东控制影响上市公司投资效率的机制或路径，建立通径分析模型进行实证研究，可以有效揭示和探讨大股东控制影响上市公司投资效率的内在机理以及大股东控制下的非效率投资行为产生的根本原因。

第二节 研究方法和模型设定

一 研究样本的选择

本章的研究样本来自上海和深圳证券交易所的上市公司，研究所用数据除管理层持股数来自各公司公布的年报外，其余数据均来自国泰安公司的 CSMAR 数据库。为了确保数据的有效性，尽量避免信息披露不真实并确保数据口径一致，我们按照以下标准对上市日期在 1998 年 12 月 31 日前的上市公司进行了剔除：

（1）剔除终极控制人为非国有控股的公司；

（2）剔除考察期内被 PT 和 ST 的上市公司，以及被注册会计师出具过保留意见、拒绝表示意见、否定意见等审计意见的上市公司；

（3）为避免A股、B股以及境外上市股之间的差异，仅考虑那些只发行A股的公司；

（4）剔除金融、保险行业的公司，因为这类行业特殊且适用会计准则和会计方法和其他上市公司有所不同，其财务指标表示的内容也不同。

在做了上述剔除后，最终剩下347家公司，我们选取其1999—2012年共14年的年报数据作为研究样本，总观测值为4858个。

二 上市公司投资效率的测度

1. 投资效率测度方法的选择

国内学者经常在理论上和实证上探讨宏观经济的投资效率问题，但投资效率对于微观企业而言究竟意味着什么则并不明确。如何科学地度量微观企业的投资效率？覃家琦、齐寅峰等（2009）的研究认为公司财务学所理解的投资行为其实等价于生产行为。由此，微观企业的投资效率等价于生产效率或生产率，可以通过全要素生产率以及全要素生产率增长率来度量投资效率，前者度量投资的静态效率，后者度量投资的动态效率。因此，通过引进边界效率方法，我们就可以计算微观企业投资的静态效率和动态效率。

利用边界效率方法测度微观企业的投资效率有两种方法：一种是以数据包络分析（DEA）为代表的非参数边界法，另一种是以随机前沿分析法（SFA）为代表的参数边界法。考虑到SFA在全面、动态地分析跨年度投资效率的变化趋势方面较DEA更具有优势，因此，本章以面板数据SFA模型来计算上市公司的投资效率，并以DEA模型计算的投资效率来做稳定性检验。

由于本章的研究重点是实证检验大股东控制对投资效率的影响，而并不是探讨投资效率影响因素的具体表现。因此，我们选择超越对数柯布—道格拉斯生产函数形式，并使用Battese和Coelli（1992）模型对样本面板数据进行估计，从而得到1999—2007年各上市公司的投资效率值。具体估计模型为：

$$\ln(y_{i.t}) = \beta_0 + \beta_1\ln(K_{i,t}) + \beta_2\ln(L_{i,t}) + \beta_3\ln(K_{i,t})^2 + \beta_4\ln(K_{i,t})\ln(L_{i,t}) + \beta_5\ln(L_{i,t})^2 + (v_{i,t} - u_{i,t}) \quad (6-1)$$

$$TE_{i,t} = \exp(-u_{i,t}) \quad (6-2)$$

$$\gamma = \frac{\sigma_u^2}{\sigma_u^2 + \sigma_v^2} \quad (6-3)$$

式（6－1）中，下标 i 为样本中的企业序号，下标 t 为时期序号，$t=1$，2，…，9，分别表示1999—2007年；y 表示样本中各企业的产出变量，K 和 L 表示样本中各企业的投入变量，β_0 至 β_5 为待估计参数。式（6－1）的误差项 $\varepsilon_{i,t}$ 由两部分组成：第1部分 $v_{i,t} \in iid$ 并服从 $N(u, \sigma_v^2)$ 分布；第2部分 $u_{i,t} \geqslant 0$，反映那些在第 t 时期仅仅影响第 i 个企业的随机因素。$u_{i,t} \in iid$ 并服从正半部的正态分布 $N(u, \sigma_u^2)$，$v_{i,t}$ 与 $u_{i,t}$ 之间是相互独立的。式（6－2）中，$TE_{i,t} = \exp(-u_{i,t})$ 表示样本中第 i 个企业在第 t 时期内的效率水平。显然，如果 $u_{i,t}=0$，则 $TE_{i,t}=1$，即处于技术效率状态，此时该企业的生产点位于前沿线上；相反，如果 $u_{i,t}>0$，则 $0<TE_{i,t}<1$，可称这种状态为技术非效率，此时该企业的生产点则位于前沿之下。式（6－3）中，γ 也为待估计参数。显然，$\gamma=0 \Rightarrow \sigma_u^2 \to 0$，进一步可推理得到误差项 $\varepsilon_{i,t}=v_{i,t}$。在统计检验中，如果 $\gamma=0$ 这一原假设被接受，即说明样本中所有企业的生产点都位于前沿上（即所有企业都处于技术效率状态）。

对于式（6－1）至式（6－3），我们使用 Frontier Version 4.1 软件对样本中1999—2012年的面板数据进行效率估算。

2. 投入产出指标

在企业投资效率评价中，无论使用何种评价技术，投入产出指标的选择均要慎重，需兼顾其理论意义和实证可操作性这两方面。在产出指标方面，主营业务利润不仅能有效避免企业由于大进大出而产生的销售收入过高并进而导致效率估计偏差，而且相对于营业利润或息税前利润来说，主营业务利润又不至于常常为负值，从而保证样本的有效观测值规模。对于少数主营业务利润出现负值的极个别观测值，我们参照何枫、陈荣（2008）的做法对其自然对数赋值0.1。企业资产和职工人数是国内外学者研究生产效率或技术效率都基本认同的双投入变量。但本章研究的重点是投资效率，因此选择企业投资规模和职工人数作为我们的投入变量。

3. 国有控股上市公司投资效率的描述性统计

表6－1是我们对国有控股上市公司投资效率测算结果的统计性描述。由表6－1可知，347家国有控股上市公司1999—2012年投资效率的均值为0.5233，最小值的均值则仅为0.0017，这说明，在不改变投入水平和投入组合的情况下，产出平均还有52.16%的增长性。同时，我们还发现，从1999—2012年，投资效率均值有逐年下降的趋势。这提醒我们，上市公司投资效率的现状及变动趋势不容乐观，同时也说明了本章研究主题的重要性。

表6－1　　国有控股上市公司投资效率的描述性统计

年份	*Mean*	*Median*	*Maximum*	*Minimum*	*Std. dev*	*Observations*
1999	0.5533	0.5863	0.8644	0.0030	0.1830	347
2000	0.5458	0.5783	0.8610	0.0026	0.1835	347
2001	0.5384	0.5702	0.8575	0.0022	0.1839	347
2002	0.5309	0.5621	0.8539	0.0018	0.1842	347
2003	0.5233	0.5539	0.8503	0.0015	0.1845	347
2004	0.5158	0.5457	0.8465	0.0013	0.1848	347
2005	0.5082	0.5374	0.8427	0.0010	0.1849	347
2006	0.5006	0.5290	0.8389	0.0009	0.1851	347
2007	0.4930	0.5207	0.8349	0.0007	0.1852	347
2008	0.4906	0.5188	0.8278	0.0004	0.1859	347
2009	0.4895	0.5156	0.8235	0.0003	0.1862	347
2010	0.4852	0.5119	0.8206	0.0009	0.1867	347
2011	0.4813	0.5090	0.8197	0.0011	0.1871	347
2012	0.4764	0.5024	0.8163	0.0007	0.1875	347
Mean	0.5233	0.5537	0.8500	0.0017	0.1843	347

三　其他相关变量的设定

前文我们就大股东控制对投资效率影响的基本路径进行了简单的分析，在实证分析中，我们将选择能代表各种治理机制的变量，并以大股东控制变量为初始变量，公司治理机制及投融资决策变量为中介变量，投资效率指标为最终变量，对大股东控制与上市公司投资效率的关系进行了实证研究。由于在上市公司中往往是第一大股东占有特别重要的地位，因此本章就用第一大股东持股比例表示大股东控制。在公司治理机制中，我们主要考虑其他股东的制衡、董事会治理和高管激励等治理机制。各变量的定义如表6－2所示。

表6－2　　　　变量说明

<table>
<tr><th colspan="3">指标类别</th><th>指标含义</th></tr>
<tr><td rowspan="5">公司治理机制指标</td><td rowspan="2">股东治理机制指标</td><td>第一大股东持股比例</td><td>由于在上市公司股权结构中往往是第一大股东占有特别重要的地位，因此本章就用第一大股东代表大股东，用第一大股东持股比例表示大股东控制</td></tr>
<tr><td>股权制衡度</td><td>是用以反映针对第一大股东的股权制衡程度的指标，“股权制衡”是指通过各大股东的内部利益牵制，达到相互监督、抑制内部人掠夺的股权安排模式，采用的计算方法为：
股权制衡度＝前三大股东持股总数/第一大股东持股数</td></tr>
<tr><td rowspan="2">董事会机制指标</td><td>独立董事比例</td><td>该指标用来衡量董事会的独立性，其计算方法为：
独立董事比例＝独立董事人数/董事会总人数</td></tr>
<tr><td>领导结构</td><td>该指标可表明最高管理者对董事会的控制状况，其计算方法为：董事长兼任总经理时，取值为1，否则为0</td></tr>
<tr><td>高管激励机制指标</td><td>管理层持股比例</td><td>用高管人员持股总数与总股本的比例来表示</td></tr>
<tr><td colspan="2" rowspan="2">企业投融资决策</td><td>资本结构</td><td>用来反映债权市场对公司治理的作用。其计算方法为：
资产负债率＝总负债/总资产</td></tr>
<tr><td>企业投资</td><td>用投资—资本存量比例表示，它是公司购建固定资产、无形资产和其他长期资产所支付的现金、购买和处置子公司及其他营业单位所支付的现金、权益性投资和债权性投资所支付的现金之和与公司资产总额的比值</td></tr>
</table>

四　大股东控制影响投资效率的路径分析

前文我们对大股东控制影响投资效率的基本路径（如图 6－1 所示）进行了概括与分析，然而大股东控制究竟是通过哪些具体的路径影响投资效率的呢？下面我们从变量之间的相关关系方面予以进一步的说明（其相关系数如表 6－3 所示）。

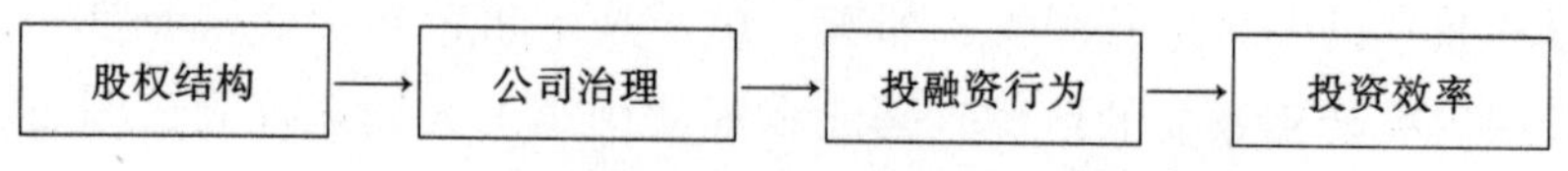

图 6－1　大股东控制影响投资效率的基本路径

表 6－3　　变量皮尔逊相关系数

	平均值	标准差	x	y_1	y_2	y_3	y_4	y_5	y_6	y_7
x	0.416	0.169	1.000							
y_1	1.373	0.414	-0.664 **	1.000						
y_2	0.227	0.158	-0.178 **	0.077 **	1.000					
y_3	0.140	0.347	-0.100 **	0.027	0.001	1.000				
y_4	0.0005	0.002	-0.056 **	-0.015	-0.043 **	0.016	1.000			
y_5	0.465	0.177	-0.181 **	0.070 **	0.220 **	0.023	-0.037 *	1.000		
y_6	0.083	0.141	0.012	0.000	-0.077 **	-0.005	0.031 *	-0.082 **	1.000	
y_7	0.513	0.190	0.129 **	-0.125 **	-0.077 **	-0.009	-0.016	0.044 **	-0.041 **	1.000

注：**、* 分别表示在 0.01、0.05 水平上显著。

从相关分析中我们可以看出，大股东持股比例（x）对股权制衡度（y_1）、独立董事比例（y_2）、管理层持股比例（y_4）以及资产负债率（y_5）四个因素都有显著的影响；资产负债率（y_5）与股权制衡度（y_1）、独立董事比例（y_2）以及管理层持股比例（y_4）三个因素有显著的相关关系；企业投资（y_6）与独立董事比例（y_2）、管理层持股比例（y_4）以及资产负债率（y_5）三个因素有显著的相关关系；投资效率（y_7）与资产负债率（y_5）和企业投资（y_6）也存在显著的相关关系。因此，大股东控制对企业投资效率影响的具体路径可以通过图 6－2 来描述。

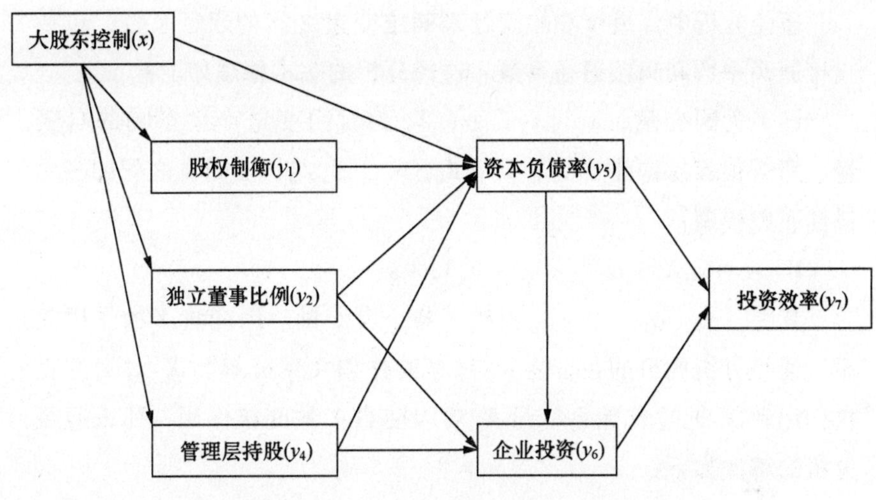

图6－2　大股东控制影响投资效率的具体路径

尽管相关系数矩阵分析揭示了股权结构→公司治理→投融资行为→投资效率路径中单个环节之间存在显著的相关关系，但是由于没有考虑其他环节因素可能产生的影响，因此还不能就此推断大股东控制对企业投资效率影响的具体路径的存在，下文我们采用通径分析对其他环节因素加以考虑，以进一步测试图6－2路径的存在。

五　通径分析方法与通径模型的建立

1. 通径分析

通径分析在医学界和生物学界应用非常广泛，通径分析是回归分析的补充和发展。由于通常的回归模型，可以包含多个自变量，但只能包含一个因变量，而许多因果效应的问题，因变量往往不止一个。回归分析的另一个局限是，只能分析直接效应，不能分析间接效应。在有间接效应的问题中，中介变量既是自变量，又是因变量。而通径模型不仅可以处理有多个因变量和中介变量的问题，还可以很精细地估计出每个自变量究竟是通过何种方式作用于最终变量的，从而使研究者对问题的理解更加深入和全面，这也就为本章采用通径分析法进行研究提供了依据。

通径分析中，最核心的问题是确定变量之间的通径系数，包括直接通径系数和间接通径系数。通径分析的基本原理如下：

设 Y 为因变量，X_1，X_2，…，X_n 为对因变量产生影响的自变量，那么很容易构建自变量 X_1，X_2，…，X_n 与因变量 Y 之间的多元线性回归模型：

$$Y = \alpha_0 + \alpha_1 X_1 + \alpha_2 X_2 + \cdots + \alpha_n X_n + \varepsilon$$

其中，α_0，α_1，…，α_n 反映了各个自变量对因变量 Y 的作用关系。通径分析的目的在于将 X_i 对 Y 的作用关系分解为 X_i 对 Y 的直接作用和 X_i 通过其他自变量 X_j 对因变量 Y 的间接作用，那么通径分析的解法如下：

首先，求出各个自变量间以及自变量和因变量间的相关系数 r_{ij} 和 r_{iy} 建立如下方程组。

$$\begin{cases} p_{1y} + r_{12}p_{2y} + \cdots + r_{1n}p_{ny} = r_{1y} \\ r_{21}p_{1y} + p_{2y} + \cdots + r_{2n}p_{ny} = r_{2y} \\ \cdots \\ r_{n1}p_{1y} + r_{n2}p_{2y} + \cdots + p_{ny} = r_{ny} \end{cases}$$

其中，p_{iy} 表示固定其他自变量时 X_i 对 Y 的直接作用，转化为矩阵形式如下：

$$\begin{bmatrix} 1 & r_{12} & \cdots & r_{1n} \\ r_{21} & 1 & \cdots & \cdots \\ \cdots & \cdots & 1 & \cdots \\ r_{n1} & \cdots & \cdots & 1 \end{bmatrix} \begin{bmatrix} p_{1y} \\ p_{2y} \\ \cdots \\ p_{ny} \end{bmatrix} = \begin{bmatrix} r_{1y} \\ r_{2y} \\ \cdots \\ r_{ny} \end{bmatrix}$$

令 $R = \begin{bmatrix} 1 & r_{12} & \cdots & r_{1n} \\ r_{21} & 1 & \cdots & \cdots \\ \cdots & \cdots & 1 & \cdots \\ r_{n1} & \cdots & \cdots & 1 \end{bmatrix}$，$P = \begin{bmatrix} p_{1y} \\ p_{2y} \\ \cdots \\ p_{ny} \end{bmatrix}$，$T = \begin{bmatrix} r_{1y} \\ r_{2y} \\ \cdots \\ r_{ny} \end{bmatrix}$

那么 $RP = T$，然后求出自变量间相关系数矩阵 R 的逆矩阵如下：

$$R^{-1}=\begin{bmatrix} c_{11} & c_{12} & \cdots & c_{1n} \\ c_{21} & c_{22} & \cdots & c_{2n} \\ \cdots & \cdots & \cdots & \cdots \\ c_{n1} & \cdots & \cdots & c_{nn} \end{bmatrix}$$

那么，直接通径系数向量为 $P=R^{-1}T$。

$$\text{令 } P'=\begin{bmatrix} p_{1y} & & & \\ & p_{2y} & & \\ & & \cdots & \\ & & & p_{ny} \end{bmatrix}$$

则

$$\text{令 } P''=RP'=\begin{bmatrix} 1 & r_{12} & \cdots & r_{1n} \\ r_{21} & 1 & \cdots & \cdots \\ \cdots & \cdots & 1 & \cdots \\ r_{n1} & \cdots & \cdots & 1 \end{bmatrix}\begin{bmatrix} p_{1y} & & & \\ & p_{2y} & & \\ & & \cdots & \\ & & & p_{ny} \end{bmatrix}$$

$$=\begin{bmatrix} p_{1y} & r_{12}p_{2y} & \cdots & r_{1n}p_{ny} \\ r_{21}p_{1y} & p_{2y} & \cdots & r_{2n}p_{ny} \\ \cdots & \cdots & \cdots & \cdots \\ r_{n1}p_{1y} & \cdots & \cdots & p_{ny} \end{bmatrix}$$

P''矩阵为通径系数矩阵，其中主对角线元素为直接通径系数；非主对角线元素为间接通径系数，且第 i 行为各个自变量通过第 i 个自变量的间接通径系数。

在通径模型中，某两个变量间的因果效应包括这两个变量间的直接因果效应以及通过其他中间变量所产生的间接因果效应。直接因果效应和间接因果效应的总和为总因果效应。由于通径模型中各变量之间的关系都是线性、可加的因果关系，变量 i 对变量 j 的总效应是变量 i 对变量 j 的直接因果效应与变量 i 对变量 j 的间接因果效应的总和。关于通径模型总因果效应的分解，将在后文的实证模型中进行进一步分析。

2. 通径模型的建立

根据上述大股东控制影响投资效率的具体路径，我们建立如下通径模型：

$$\begin{cases} y_1 = a_1 x + \mu_1 \\ y_2 = a_2 x + \mu_2 \\ y_4 = a_3 x + \mu_3 \\ y_5 = a_4 x + \beta_1 y_1 + \beta_2 y_2 + \beta_3 y_4 + \mu_4 \\ y_6 = a_5 x + \beta_4 y_2 + \beta_5 y_4 + \beta_6 y_5 + \mu_5 \\ y_7 = \beta_7 y_5 + \beta_8 y_6 + \mu_6 \end{cases}$$

在模型中，y 表示内源变量，x 表示外生变量，a 表示外生变量对内生变量的作用系数，β 表示内生变量之间的作用系数，u 表示方程误差项。

第三节 实证检验结果与分析

一 基本检验结果与分析

针对上述通径模型，本章采用结构方程模型分析软件 Lisrel 8.70 编辑程序，选取最大似然法进行估计参数迭代，得到的通径模型及路径系数见图 6－3。

从模型拟合优度指标来看，RMSEA 为 0.063 小于 0.080，GFI = 0.99，AGFI = 0.97，IFI = 0.94，CFI = 0.94，NFI = 0.94，其值均在 0.90 以上，证明模型很好地拟合了样本数据。图 6－3 中的 a_1—a_4，β_1—β_8 为标准化的参数估计值（路径系数）。当该估计值显著不等于 0 时认为该路径关系存在。

由通径模型及路径系数图，我们可以进一步把大股东控制对企业投资效率影响的作用路径进行分解和计量，如表 6－4 所示。

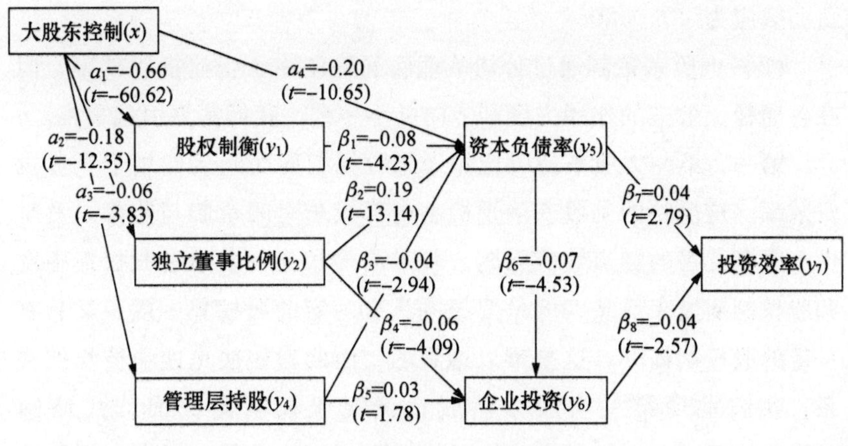

图 6－3　通径模型及路径系数

表 6－4　大股东控制对投资效率影响的作用通径的分解和计量

	作用通径	计算式	计算结果	百分比(%)
间接效应	$x \to y_1 \to y_5 \to y_7$	－0. 66×(－0. 08)×(0. 04)	0. 0021	－26. 25
	$x \to y_1 \to y_5 \to y_6 \to y_7$	－0. 66×(－0. 08)×(－0. 07)×(－0. 04)	0. 0002	－2. 5
	$x \to y_2 \to y_5 \to y_7$	－0. 18×0. 19×0. 04	－0. 0014	17. 5
	$x \to y_2 \to y_5 \to y_6 \to y_7$	－0. 18×0. 19×(－0. 07)×(－0. 04)	－0. 0001	1. 25
	$x \to y_2 \to y_6 \to y_7$	－0. 18×(－0. 06)×(－0. 04)	－0. 0004	5
	$x \to y_4 \to y_5 \to y_7$	－0. 06×(－0. 04)×0. 04	0. 0001	－1. 25
	$x \to y_4 \to y_5 \to y_6 \to y_7$	－0. 06×(－0. 04)×(－0. 07)×(－0. 04)	0. 0000	0
	$x \to y_4 \to y_6 \to y_7$	－0. 06×0. 03×(－0. 04)	0. 0001	－1. 25
	$x \to y_5 \to y_7$	－0. 20×0. 04	－0. 0080	100
	$x \to y_5 \to y_6 \to y_7$	－0. 20×(－0. 07)×(－0. 04)	－0. 0006	7. 5
总效应			－0. 0080	100

根据路径图和效应分解，我们可以得到如下结果：

（1）大股东控制对投资效率具有“激励效应”和“损耗效应”的两面性，并且其“损耗效应”大于“激励效应”，即大股东控制通过公司治理而间接发挥的公司治理效应从总体来看是负面的，其

负面效应为 -0.0080。

（2）大股东控制通过公司治理而间接作用于企业投资效率，但在各通径上效应的作用力度和方向并不一致，我们需要引起重视。

第一，第一大股东持股比例通过股权制衡而间接作用于企业投资效率。这反映的是股东治理机制内部股东之间牵制与监督以及对中小股东侵害的隧道效应问题。股东治理状况一般通过股权集中度和股权制衡度来反映，但是要想既具有一定的股权集中度，又具有一定的股权制衡度，这是难以达到的，而两者往往是此消彼长的关系，我们发现第一大股东持股比例对股权制衡负面作用高达 -0.66。又由于股权制衡安排可能导致相近持股的大股东之间的控制权争夺和讨价还价，尤其在我国证券市场上，由于控制权带来巨大的私人利益，股权制衡结构下相近的持股将导致各大股东之间的控制权争夺和在重大决策上难以协调一致，进而影响公司决策，降低投资效率，在此表现股权制衡通过 $y_1 \to y_5 \to y_7$ 和 $y_1 \to y_5 \to y_6 \to y_7$ 这两条路径对投资效率发挥了负面的公司治理效应。这样大股东控制通过股权制衡间接作用于企业投资效率而发挥了“激励效应”，其效应达 0.0023，相当于总效应 -0.0080 的 -28.75%。这说明在现行的股权结构安排下，第一大股东持股比例越高，其具有的激励程度也就越高，就越有动力采取“支持行为”，公司的投资效率也越高，而股东间的制衡对提高上市公司的投资效率毫无益处。

第二，第一大股东持股比例通过独立董事比例而间接作用于企业投资效率。这反映的是大股东控制对董事会的监督激励问题。从作用通径上看，第一大股东持股比例通过独立董事比例可以从三条路径上间接影响企业投资效率，具体来说，可以通过 $x \to y_2 \to y_5 \to y_7$、$x \to y_2 \to y_6 \to y_7$ 和 $x \to y_2 \to y_5 \to y_6 \to y_7$ 三条路径起作用。从计量结果看，三条路径的间接作用都是负面的，其负面作用分别为 -0.0014、-0.0004 和 -0.0001。因此，第一大股东持股比例通过独立董事比例而间接作用于企业投资效率的间接效应为 -0.0019，相当于总效应 -0.0080 的 23.75%。该结论说明大股东在取得公司的控制权后，为了实现其利益最大化，往往需要操纵董事会，抑制独立董事相对规模，以制定符合其意志和利益的投融资决策，独立董事没有发挥履行监督大股东、防止其损害小股东利益的作用。

第三，第一大股东持股比例通过管理层持股而间接作用于企业投资效率。这反映的是大股东控制对管理者的监督激励问题。已有研究认为大股东控制和管理层持股比例是两种可以相互替代的治理机制，我们对上市公司的实证分析表明也是如此。第一大股东持股比例对管理层持股负面作用为 -0.06，大股东持股比例越高，管理层持股比例也就越低，也就是说激励程度越不足。管理层激励程度的不足，使管理者有动机从自身利益最大化出发制定企业的投融资决策，从而导致投资效率的下滑。如表6-4所示，管理层持股通过 $x \to y_4 \to y_5 \to y_7$、$x \to y_4 \to y_5 \to y_6 \to y_7$ 和 $x \to y_4 \to y_6 \to y_7$ 这三条路径对投资效率产生影响，并且这三条路径的间接效应分别为 0.0001、0.0000 和 0.0001。这样大股东控制通过管理层持股间接作用于企业投资效率而发挥了“激励效应”，其效应达 0.0002，相当于总效应 -0.0080 的 -2.5%。这说明尽管管理层激励不足以诱发管理者机会主义行为，但是，大股东控制作为管理层持股一种替代机制可以保护公司行为免受管理者机会主义行为的影响。

第四，第一大股东持股比例通过资本结构而间接作用于企业投资效率。这反映的是大股东控制对债权市场治理的作用问题。从计量结果看，大股东控制通过资本结构可以从两条路径间接影响企业投资效率，具体来说，可以通过 $x \to y_5 \to y_7$ 和 $x \to y_5 \to y_6 \to y_7$ 两条路径起作用，两条路径的间接作用都是负面的，其负面作用分别为 -0.0080和 -0.0006。这样第一大股东持股比例通过资本结构间接作用于企业投资效率而产生了“损耗效应”，其效应达 -0.0086，相当于总效应 -0.0080 的 107.5%。该结论说明在中国债权人法律保护较弱的背景下，控制股东和债权人之间存在严重的代理冲突问题，控制股东强烈存在资产替代或投资不足的激励以侵害债权人利益，这是当前我国大股东控制对投资效率产生“损耗效应”的一个重要原因。

二 敏感性分析

为了检验上述结论的稳健性，我们在DEA模型中，同样使用企业投资规模和职工人数作为两种投入变量，主营业务利润作为产出变量进行投资效率的测算，并将DEA模型计算的投资效率指标放入通径模型进行检验。敏感性分析结果表明，除了资本结构与投资效率路径关系不显著外，大股东控制通过股权制衡、独立董事比例、管理层持股比例以及资本结构间接影响投资效率的作用方向并未发生变化，并且大股东控制对投资效率影响的总效应依旧为负。上述实证结果与前文研究结论并没有实质性差异。基于上述敏感性分析，我们认为，前文的结论是比较稳健的。

第四节 本章小结

本章在回顾国内外相关研究文献的基础上，以筛选得到的347家国有控股上市公司的1999—2012年的数据为研究样本，将股权结构、公司治理机制、投融资行为与投资效率纳入一个统一的框架体系，运用通径分析方法，就大股东控制对投资效率影响的作用机制及其效应进行实证分析。与既有研究结论不同的是，本章发现：(1) 大股东控制对投资效率具有“激励效应”和“损耗效应”的两面性，并且其“损耗效应”大于“激励效应”，大股东控制通过独立董事比例和资本结构对投资效率发生的“损耗效应”是中国资本市场资源配置无效率的根本原因。(2) 在现行的股权结构安排下，股东间的制衡对提高上市公司投资效率毫无益处，股权分置改革不应该过分强调降低股权集中度和提高股权制衡度。

本章的研究不仅在理论上有助于完善和解释基于集中型所有权结构下大股东控制影响上市公司投资效率的内在机理，而且在实践上可以为中国这样新兴市场经济的公司治理结构的设计、公司投融资政策的制定以及资本市场的健康发展提供一定的参考。但本章的模型是建立在一定假设的基础之上，故本章所建模型有其适用范围，即模型假定公司“一股独大”，存在绝对控股股东，其余皆为中小股东，同时将中小股东当作一个群体看待。但对于可能出现多个大股东的相互制衡或合谋情况，则暂时未能纳入考虑中。虽然有研究表明，在现阶段中国上市公司的治理环境下，大股东治理模式优于股权制衡治理模式。但随着资本市场的发展和法律制度的完善，均衡股权可能成为较好的治理模式。那时，大股东控制的公司治理效应可能会出现新的变化。如上这些模型假定，使得本模型并非适用于各种情况。而将这些因素纳入考虑框架，从而更好、更深入地认识股权结构的公司治理效应，为非效率投资行为的治理提供更好的支持，将是今后需要努力的方向。

第七章 研究结论、政策建议与研究展望

本章对全书进行一个总结，具体结构安排如下：首先是对全书的研究结论进行归纳和总结，其次提出本书研究的政策启示和建议，最后在分析本书研究局限性的基础上，指出今后需要进一步研究的问题。

第一节 研究结论

本书以我国国有控股上市公司为研究对象，以行政干预下内部人控制的制度安排为研究背景，研究了政府干预和内部人控制对公司投资行为的影响，在此基础上，进一步分析国有控股上市公司大股东控制下的治理结构特征，研究大股东控制影响投资效率的内在机理和作用机制，得到了如下几个主要结论。

第一，作为公司极为重要的战略决策的投资活动，很有可能受到政府干预的影响。由于国有控股上市公司存在政府干预以及由其衍生出的薪酬管制和债务软约束等治理弱化问题，所以，本书从国有控股上市公司投资的视角，研究国有控股对自由现金流的过度投资的影响以及它的制度根源，研究发现：①国有控股上市公司存在明显的自由现金流代理问题，公司过度投资规模与内部自由现金流量呈显著的正相关关系；②政府干预程度越强，国有控股上市公司自由现金流的过度投资越严重；③在国有控股上市公司中，经理薪酬契约失效导致了企业自由现金流代理问题十分严重，反映到企业

投资决策上，就可能导致国有企业经理将现金流用于净现值为负且有利于其获取私人利益的投资项目；④由于存在债务软约束问题，债务对国有控股上市公司自由现金流的过度投资没有起到显著的约束作用；⑤综合上述研究结论，说明政府干预、薪酬管制和债务软约束这三大治理弱化是导致国有公司出现过度投资、降低其投资效率的制度根源。

第二，作为最终控制人的政府追求非经济效率的行政干预是导致国有上市公司出现自由现金流过度投资的一个重要原因（杨华军、胡奕明，2009）。那么假如政府开始追求经济效率，下放控制权，减少行政干预，企业的非效率投资行为是否能得到有效改善？随着政府将控制权下放给企业内部人，内部人控制的代理问题开始出现，两者之间呈现此消彼长的态势。基于此，本书在从国有控股类别和金字塔层级两个方面度量政府干预和内部人代理冲突相对大小的基础上，实证检验国有控股类别和金字塔层级对自由现金流的过度投资的影响，以全面考察行政干预下的内部人控制的控制权安排对公司投资行为的影响，研究发现：①与政府机构控制的上市公司相比，国有企业控制的上市公司更倾向于使用自由现金流进行过度投资；②在高自由现金流组中，金字塔层级与过度投资之间存在“U”形曲线关系；③综合上述两个研究结果，说明无论从控股股东是政府机构还是国有企业角度考察政府干预国有公司的强弱，还是从金字塔层级角度考察政府行政干预的强弱，受政府行政干预强的国有公司投资行为反而优于受内部人控制的公司。行政干预虽然有追求非经济效率的弊端，但是它也有控制内部人机会主义的作用。

第三，关于大股东控制如何影响投资效率方面的研究极少。就我国的实际情况而言，由于法律体系缺乏和监督力度的薄弱，我国上市公司的治理机制主要表现为大股东主导模式。大股东操纵了股东大会、董事会和管理层，使得上市公司的治理结构失衡。基于此，本书将股权结构、公司治理机制、投融资行为与投资效率纳入一个统一的框架体系，运用通径分析方法，就大股东控制对投资效率影响的作用机制及其效应进行实证分析，以鉴定中国资本市场的资源配置效率，研究发现：①大股东控制对投资效率具有“激励效应”和“损耗效应”的两面性，并且其“损耗效应”大于“激励效应”；②大股东控制通过独立董事比例和资本结构对投资效率发生的“损耗效应”是中国资本市场资源配置无效率的根本原因；③在现行的股权结构安排下，股东间的制衡对提高上市公司投资效率毫无益处，股权分置改革不应该过分强调降低股权集中度和提高股权制衡度。

第二节 政策建议

根据本书的理论分析和实证检验结果，在规范政府行为、制约大股东控制下的非效率投资行为和促进资本市场健康发展等方面，有如下政策含义：

第一，规范政府行为，合理划分政府与市场的边界。在我国，国有上市公司投资体制最大的弊病是投资受制于政府干预，投资机会与投资成本受到政府角色的影响，结果造成企业整体投资效率低下。因此，一方面，要规范政府行为，加快由政府及其政策为主向市场推动为主的方向转变，应进一步加快政企分离，减少政府对企业行为的干预。另一方面，减少政府干预强度应视市场发育程度而定。当市场化取得一定程度后，相应激励与约束在市场中能够解决，政府就应当减少相应的行政干预，交给市场；反之，应当用行政干预作为缺失的市场机制的一个替代，减少制度转换的“真空地带”。

第二，加强公司内部治理、完善其他能有效制约大股东“损耗效应”的公司治理机制。国有公司的非效率投资行为，很大程度上根源于其自身的“治理弱化”，因此，要想从根本上规范国有公司的投资行为，提高投资效率，此时单纯强调产权的改革和外部治理机制的完善可能效果有限，监管层唯有从解决“内部治理弱化”的根源入手，通过弱化政府干预动机、薪酬改革以及深化银行体制改革等制度变革，构建起股东—经理层—银行之间的市场化契约治理模式，提高契约主体（股东、债权人）完善治理机制、监督内部人的自发动机，从治理层面真正规范国有公司自身的投资行为。其他能有效制约大股东“损耗效应”的公司治理机制的完善，将为公司内部控制环境奠定坚实的基础。完善其他能有效制约大股东“损耗效应”的公司治理机制可以从以下几个方面入手：①健全独立董事制度，建立健全相关的独立董事的职责、问责、监督等管理制度，遏制“内部人控制（大股东控制）”。由于我国董事会中“内部人控制”现象严重，十分有必要引进独立董事制度，有关政府部门不断致力于此。独立董事的加入，有利于公司内部的检查、监督和评价，有利于强化公司的制衡机制，有效地遏制“内部人控制”。②加强对债权人的保护。一方面，我国需要加强对债权人的法律保护，例如在未来的《公司法》改革中，在引入控制性股东对中小股东信托责任的同时，也有必要引入控制性股东对债权人的信托责任，完善和有效地实施我国的《破产法》等。另一方面，我国也需要加强债权人的自我保护，因此实行我国贷款利率的市场化并继续深化我国国有商业银行的公司化改造，从而发挥商业银行对上市公司的控制和监督作用就显得尤为必要和迫切。

第三，加强资本市场监管，转变监管方式。一方面，为了使证券市场的监管措施更加符合市场运行规律，必须将监管机构的监管行为置于社会和公众的监督之下。同时，要充分发挥中介机构，特别是会计师事务所、律师事务所、证券交易所、证券行业协会和财经媒体的专业服务功能，系统打造财务监督、法律监督、保荐人监督、行业监督、行政监督与媒体监督相结合的全方位、立体式市场监管模式。另一方面，监管当局应改变监管思路，对公司实行分类分级监控，将监管的资源更多地集中于股权集中度较大的公司，从而提高监管效率。

第三节 本书研究的不足与研究展望

虽然本书以国有控股上市公司的治理结构特征作为切入点，基于第二类代理问题对国有控股上市公司投资行为与投资效率进行了一些尝试性研究，但是，由于受篇幅、时间以及本人研究水平的限制，仍有许多问题没有展开充分的论述，有的还没有进入本书的研究视野，因而本书研究存在一定的局限性，这有待于在未来进行深化和扩展。

1. 关于政府干预与内部人控制代理冲突相对大小度量的研究

尽管本书已经认识到了行政干预下的内部人控制的制度安排对公司投资决策的重要性，但是，由于无法找到能准确度量政府干预以及内部人代理冲突相对大小的变量，只能通过国有控股类别或者金字塔层级等间接变量进行衡量，其度量相对较为粗糙，其度量的准确性与有效性将影响结论的可靠性。因此，如何度量政府干预与内部人控制代理冲突的相对大小，并且在公司治理研究领域对行政干预下的内部人控制的制度安排的影响进行广泛研究，是将来研究的一个重要方向。

2. 关于大股东控制影响投资效率的相关研究

对于大股东控制对投资效率影响的路径研究，本书虽然将股权结构、公司治理机制、投融资行为与投资效率纳入一个统一的框架体系，运用通径分析方法建立通径模型进行分析和检验，但是，本书的模型是建立在一定假设的基础之上，即模型假定公司“一股独大”，存在绝对控股股东，其余皆为中小股东，同时将中小股东当作一个群体看待。但对于可能出现多个大股东的相互制衡或合谋情况，则暂时未能纳入考虑中。虽然已有研究表明，在现阶段中国上市公司的治理环境下，大股东治理模式优于股权制衡治理模式。但随着资本市场的发展和法律制度的完善，均衡股权可能成为较好的治理模式。那时，大股东控制的公司治理效应可能会出现新的变化。如上这些模型假定，使得本模型并非适用于各种情况。而将这些因素纳入考虑框架，从而更好、更深入地认识股权结构的公司治理效应，为非效率投资行为的治理提供更好的支持，将是今后需要努力的方向。

参考文献

安灵、刘星、白艺昕：《股权制衡、终极所有权性质与上市企业非效率投资》，《管理工程学报》2008 年第 2 期。

陈小悦、徐晓东：《股权结构、企业绩效与投资者保护》，《经济研究》2001 年第 11 期。

陈信元、黄俊：《政府干预、多元化经营与公司业绩》，《管理世界》2007 年第 1 期。

程仲鸣、夏新平、余明桂：《政府干预、金字塔结构与地方国有上市公司投资》，《管理世界》2008 年第 9 期。

程仲鸣、夏银桂：《控股股东、自由现金流与企业过度投资》，《经济与管理研究》2009 年第 2 期。

党文娟、张宗益、吴俊：《基于博弈论的均衡股权结构治理模型研究》，《中国管理科学》2008 年第 3 期。

杜莹、刘立国：《股权结构与公司治理效率：中国上市公司的实证分析》，《管理世界》2002 年第 11 期。

樊纲、王小鲁：《中国市场化指数——各地区市场化相对进程报告》，经济科学出版社 2006 年版。

樊潇彦：《经济增长与中国宏观投资效率研究》，上海人民出版社 2005 年版。

方军雄：《市场化进程与资本配置效率的改善》，《经济研究》2006 年第 5 期。

高雷、何少华、仪垂林：《国家控制、政府干预、银行债务与资金侵占》，《金融研究》2006 年第 6 期。

郭庆旺、贾俊雪：《地方政府行为、投资冲动与宏观经济稳定》，《公共经济评论》2006 年第 5 期。

韩立岩、蔡红艳：《我国资本配置效率及其与金融市场关系评价研究》，《管理世界》2002 年第 1 期。

郝颖、刘星、林朝南：《我国上市公司高管人员过度自信与投资决策的实证研究》，《中国管理科学》2005 年第 5 期。

何枫、陈荣：《R&D 与广告对中日家电企业技术效率影响的比较研究》，《中国管理科学》2008 年第 4 期。

何源、白莹、文翘翘：《负债融资、大股东控制与企业过度投资行为》，《系统工程》2007 年第 25 期。

胡旭阳：《投资者保护与民营企业多元化投资——基于法与金融视角的研究》，博士学位论文，浙江大学，2008 年。

黄福广、周杰、刘建：《上市公司股权结构对投资决策的影响实证研究》，《现代财经——天津财经学院学报》2005 年第 10 期。

姜国华、岳衡：《大股东占用上市公司资金与上市公司股票回报率关系的研究》，《管理世界》2005 年第 9 期。

康梅：《基于（k，y）空间技术分解的企业投资效率评价》，《中国管理科学》2007 年第 6 期。

李稻葵：《政府控制转型过程中的国有企业所引起的成本和收益：来自中国的证据》，工作论文，1999 年。

李丽君、金玉娜：《四方控制权制衡、自由现金流量与过度投资行为》，《管理评论》2010 年第 2 期。

刘昌国：《公司治理机制、自由现金流量与上市公司过度投资行为研究》，《经济科学》2006 年第 4 期。

刘朝晖：《外部套利、市场反应与控股股东的非效率投资行为》，《世界经济》2002 年第 7 期。

刘端、陈收：《中国市场管理者短视、投资者情绪与公司投资行为扭曲研究》，《中国管理科学》2006 年第 2 期。

刘红忠、张昉：《投资者情绪与上市公司投资——行为金融角度的实证分析》,《复旦学报》(社会科学版)2004 年第 5 期。
刘星、窦炜:《基于控制权私有收益的企业非效率投资行为研究》,《中国管理科学》2009 年第 5 期。
刘志强:《产品市场竞争与投资者法律保护研究》,博士学位论文,华中科技大学,2009 年。
欧阳凌、欧阳令南、周宏霞:《股权“市场结构”、最优负债和非效率投资行为》,《财经研究》2005 年第 6 期。
覃家琦、齐寅峰、李莉:《微观企业投资效率的度量:基于全要素生产率的理论分析》,《经济评论》2009 年第 2 期。
饶育蕾、汪玉英:《中国上市公司大股东对投资影响的实证研究》,《南开管理评论》2006 年第 5 期。
唐雪松、周晓苏、马如静:《上市公司过度投资行为及其制约机制的实证研究》,《会计研究》2007 年第 7 期。
江锋:《地方政府影响下的上市公司投资与债务融资》,博士学位论文,上海财经大学,2006 年。
王化成、李志杰、孙健:《境外上市背景下治理机制对公司价值的影响——基于融资决策传导效应的研究》,《会计研究》2008 年第 7 期。
汪平、孙士霞:《自由现金流、股权结构与我国上市公司过度投资问题研究》,《当代财经》2009 年第 4 期。
王霞、张敏、于富生:《管理者过度自信与企业投资行为异化》,《南开管理评论》2008 年第 2 期。
魏明海、柳建华:《国企分红、治理因素与过度投资》,《管理世界》2007 年第 4 期。
吴淑琨:《股权结构与公司绩效的 U 型关系研究》,《中国工业经济》2002 年第 1 期。
夏立军、方轶强:《政府控制、治理环境与公司价值——来自中国证券市场的经验证据》,《经济研究》2005 年第 5 期。
向凯:《论财务报告质量与公司投资效率》,《中南财经政法大学学报》2009 年第 2 期。

辛清泉、林斌、王彦超：《政府控制、经理薪酬与资本投资》，《经济研究》2007 年第 8 期。

徐莉萍、辛宇、陈工孟：《股权集中度和股权制衡及其对公司经营绩效的影响》，《经济研究》2006 年第 1 期。

徐晓东、陈小悦：《第一大股东对公司治理、企业业绩的影响分析》，《经济研究》2003 年第 2 期。

徐晓东、张天西：《公司治理、自由现金流与非效率投资》，《财经研究》2009 年第 10 期。

杨华军、胡奕明：《制度环境与自由现金流的过度投资》，《管理世界》2007 年第 9 期。

俞鸿林：《政府控制和治理机制的有效性——基于中国 A 股市场的经验研究》，《南开管理评论》2006 年第 1 期。

曾庆生、陈信元：《国家控制、超额雇员与劳动力成本》，《经济研究》2006 年第 5 期。

张春田：《中国金融发展、投资与经济增长》，博士学位论文，吉林大学，2008 年。

张栋、杨淑娥、杨红：《第一大股东股权、治理机制与企业过度投资》，《当代经济科学》2008 年第 7 期。

张伏波：《上市公司股权结构与公司治理》，博士学位论文，华东师范大学，2004 年。

张功富：《产品市场竞争影响企业非效率投资的路径研究》，博士学位论文，暨南大学，2008 年。

张功富、宋献中：《我国上市公司投资：过度还是不足?》，《会计研究》2009 年第 5 期。

张翼、李辰：《股权结构、现金流与资本投资》，《经济学》（季刊）2005 年第 10 期。

支晓强、童盼：《管理层业绩报酬敏感度、内部现金流与企业投资行为》，《会计研究》2007 年第 10 期。

周黎安:《晋升博弈中政府官员的激励与合作——兼论我国地方保护主义和重复建设问题长期存在的原因》,《经济研究》2004 年第 6 期。

周业安:《地方政府竞争与经济增长》,《中国人民大学学报》2003 年第 1 期。

朱红军、何贤杰、陈信元:《金融发展、预算软约束与企业投资》,《会计研究》2006 年第 10 期。

Aggarwal R. K. , Samwick A. A. , "Why do Managers Diversify Their Firms? Agency Considered", *Journal of Finance*, 2003, 58: 71 - 118.

Aggarwal R. K. , Samwick A. A. , "Empire builders and shirkers: Investment, firm performance, and managerial incentives", *Journal of Corporate Finance*, 2006, 12: 489 - 515.

Albuquerue R. U. I. , Wang N. , "Agency Conflicts, Investment, and Asset Pricing", *The Journal of Finance*, 2008, 63 (1), 1 - 40.

Almeida H. , D. Wolfenzon. , "A Theory of Pyramidal Ownership and Family Business Group", *Journal of Finance*, 2006, 61: 2637 - 2680.

Bagehot W. , "*Lombard Street*, *Homewood*", IL: Richard D. Irwin, (1962 Edition), 1873.

Baker M. , Career Concerns and Staged Investment: Evidence from the Venture Capital Industry, Working Paper, Harvard University, 2000.

Baker M. , Stein J. , Wurgler J. , "When Does the Market Matter? Stock Prices and the Investment of Equity - Dependent Firms", *Quarterly Journal of Economics*, 2003, 118: 969 - 1006.

Barro R. , "The Stock Market and Investment", *Review of Financial Studies*, 1990, 3: 115 - 131.

Battese G. E. , Coelli T. J. , "Frontier Production Function, Technical Efficiency and Panel Data: With Application to Paddy Farmer in India", *Journal of Productivity Analysis*, 1992, 3: 153 - 169.

Bates T., "Asset Sales, Investment Opportunities, and the Use of Proceeds", *Journal of Finance*, 2005, 60: 105 - 135.

Becker B., Sivadasan J., The Effectof Financial Development on the Investment - cash Flow Relationship: Cross - country Evidence from Europe. Working Paper, University of Illinois at Urbana - Champaign and University of Michigan, 2006.

Bond S., Elston J. A., Mairesse J., Mulkay B., "Financial Factors and Investment in Belgium, France, Germany and the United Kingdom: A Comparison Using Company Panel Data", *The Review of Economics and Statistics*, MIT Press, 2003, 85 (1): 153 - 165.

Chen G., Firth M., Rui O., "Have China's Enterprise Reforms Led to Improved Efficiency and Profitability", *Emerging Markets Reviews*, 2006, 7: 82 - 109.

Chen K., Wang J. W., "A Comparison of Shareholder Identity and Governance Mechanism in the Monitoring of Listed Companies in China", Working Paper, Hong Kong University of Science and Technology, 2005.

Cheung Y. L., L. H. Jing, P. Raghavendra Rau, Aris Stouraitis. Guanxi, Political Connections and Expropriation: The Dark Side of State Ownership in Chinese listed Companies. Working paper, 2005.

Christensen L. R., Caves R. E., "Cheap Talk and Investment Rivalry in the Pulp and Paper Industry", *The Journal of Industrial Economics*, 1997, 45 (1): 47 - 73.

Claessens S., Djankov S., Lang L. H. P., "The Separation of Ownership and Control in East Asian Corporations", *Journal of Financial Economics*, 2000, 58: 81 - 112.

Claessens S., Laveven L., "Financial Development, Property Rights, and Growth", *Journal of Finance*, 2003, 6: 2401 - 2436.

Coase R. H. , "The Nature of the Firm", *Economica*, 1937 (4): 386 - 405.

Coase R. H. , "The Problem of Social Cost", *Journal of Law and Economics*, 1960 (4): 1 - 44.

Devereux M. , Schiantarelli F. , Investment, Financial Factors, and Cash Flow: Evidence from U. K. Panel Data. Working Paper, University of Chicago Press, 1990.

Durnev A. , Morck R. , Yeung B. , "Value - enhancing Capital Budgeting and Firmspecific Stock Return Variation", *Journal of Finance*, 2004, 59 (1): 65 - 105.

Dyek A. , Zingales L. , "Private Benefits of Control: An International Comparison", *The Journal of Finance*, 2004, 59 (4): 537 - 600.

Faccio M. , Lang L. H. P. , "The Ultimate Ownership of Western European Corporation", *Journal of Financial Economics*, 2002, 65: 365 - 395.

Fama E. F. , Miller M. H. , "The theory of finance", *Holt*, *Rinehart and Winston*, Inc. , 1972.

Fan P. H. , T. J. Wong, T. Zhang The Emergence of Corporate Pyramids in China *Working paper*, 2005.

Fan P. H. , T. J. Wong, T. Zhang, "Politically Connected CEOs, Corporate Governance, and Post - IPO Performance of China's Newly Partially Privatized Firms", *Journal of Financial Economics.* 2007, 84: 330 - 357.

Fazzari S. , Hubbard G. , Petersen B. , "Financing Constraints and Corporate Investment", *Brookings Papers on Economic Activity*, 1988, 1: 141 - 195.

Frederic M. S. , "Market structure and stability of investment", *American Economic Review*, 1969, 59 (2): 72 - 79.

Fudenberg D., Tirole J., "The Fat Cat Effect, the Puppy Dog Ploy, and the lean and hungry look", *American Economic Review*, 1984, 74: 361 – 366.

Ghosal V., Loungani P., "Product Market Competition and the Impact of Price Uncertainty on Investment: Some Evidence from U. S. Manufacturing industries", *The Journal of Industrial Economics*, 1996, 44: 217 – 228.

Haid A., Weigand J., R&D, ligquidity constraints, and corporate governance working paper, Indiana University, 1998.

Hakan O. B., Yurtoglu B., "The Impact of Corporate Governance Structures on the Corporate Investment Performance in Turkey", *Corporate Governance: An International Review*, 2006, 14 (4): 349 – 363.

Hans D., Investment and internal finance: Asymmetric information or managerial discretion. Erasmus research institute of management report series, 2001.

Harris J. R., Schiantarelli F., Siregar M. G., "The Effect of Financial Liberalization on the Capital Structure and Investment Decisions of Indonesian Manufacturing Establishments", *The World Bank Economic Review*, 1994, 8: 17 – 47.

Heaton J. B., "Managerial optimism and corporate finance", *Financial Management*, 2002, 31: 33 – 45.

Heinkel R., Zechner J., "The Role of Debt and Preferred Stock as A Solution to Adverse Investment Incentives", *Journal of Financial and Quantitative Analysis*, 1990, 25: 1 – 24.

Holmstrom B., Costa J. R., "Managerial Incentives and Capital Management", *Quarterly Journal of Economics*, 1986, 101: 835 – 860.

Jaffee D. M., Russell T., "Imperfect Information, Uncertainty, and Credit Rationing", *Quarterly Journal of Economics*, 1976, 90:

651 – 666.

Jensen M. , Meckling W. , "Theory of the Firm: Managerial Behavior, Agency Costs, and Ownership Structure", *Journal of Financial Economics*, 1976, (3): 305 – 360.

Jensen M. C. , "Agency of Free Cash Flow, Corporate Finance, and Takeovers", *American Economic Review*, 1986, 76: 659 – 665.

Jensen M. , "The Modern Industrial Revolution, Exit, and the Failure of Internal Control Systems", *Journal of Finance*, 1993 (48): 831 – 880.

Johnson S. , J. McMillan, Woodruff C. , "Property Rights and Finance", *American Economic Review*, 2002, 92 (5), 1335 – 1356.

Kaplan S. , Minton B. , "Appointments of Outsiders to Japanese Boards: Determinants and implications for Managers", *Journal of Finance Economics*, 1994, 36: 225 – 257.

Kaplan S. N. , Zingales L. , "Do Investment – cash Flow Sensitivities Provide Useful Measures of Financing Constraints?" *Quarterly Journal of Economics*, 1997, 112: 169 – 215.

Kiyohiko G. N. , "Differential Information, Monopolistic Comptition, and Investment", *Inernational economic review*, 1991, 32 (4): 809 – 821.

Laarni T. B. , "Real Options, Irreversible Investment and Firm Uncertainty: New Evidence From U. S. Firms", *Review of Financial Economics*, 2005, 9: 255 – 279.

Lamont O. , "Investment Plans and Stock Returns", *Journal of Finance*, 2000, 55: 2719 – 2748

Laporta R. , F. Lopez – de – Silance, A. Shleifer, R. W. Vishny. , "Corporate Ownership around the World", *Journal of Finance*, 1999, 54: 471 – 517

LaPorta R. , Lopez - de - Silance F. , Shleifer A. , Vishny R. , "Investor Protection and Corporate Governance", *Journal of Finance Economics*, 2000, 58: 3 - 27.

La Porta R. , Lopez - de - Silanes F. Shleifer A. , "Investor Protection and Corporate Governance", *Journal of Financial Economics*, 2000, 58: 141 - 186.

Li D. Insider Control V. S. , "Government Control: a Study of China's State Enterprise Reform", *Working Paper*, 2000.

Li H. , Zhou L. A. , "Political Turnover and Economic Performance: The Incentive Role of Personnel Control in China", *Journal of Public Economics*, 2005, 89: 1743 - 1762.

Love L. , Financial Development and Financial Constraints: International Evidence from the Structural Investment Model. Working Paper, World Bank, 2001.

Love I. , Zicchino L. , "Financial Development and Dynamic Investment Behavior: Evidence from Panel VAR", *The Quarterly Review of Economics and Finance*, 2006, 46: 190 - 210.

Lucas R. E. , "On the Mechanics of Economic Development", *Journal of Monetary Economics*, 1988, 22 (1): 3 - 42.

Malmendier U. , Tate G. , "CEO overconfidence and corporate investment", *Journal of Finance*, 2005, 60: 2661 - 2700.

Martin J. N. , "Competition and irreversible investments", *International Journal of Industrial Organization*, 2002, 20: 731 - 743.

Modigliani F. M. , Miller M. H. , "The Cost of Capital, Corporation Finance and the Theory of Investment", *The American Economic Review*, 1958, 48 (3): 261 - 275.

Morck R. , Nakamur M. , Shivdasani A. , "Banks Ownership Structure, and Firm Value in Japan", *Journal of Business*, 2000, 4: 539 - 567.

Mueller, D., and Yurtoglu, B., "Country Legal Environments and Corporate Investment Performance", *German Economic Review*, 2000, 1: 187 -220.

Murphy K. J., "Corporate Performance and Managerial Remuneration: An Empirical Analysis", *Journal of Accounting and Economic*, 1985, 7 (1): 11 - 42.

Myers S., "Determinants of Corporate Borrowing", *Journal of Financial Economics*, 1977, 5: 147 -175.

Myers S. C., Mailuf N., "Corporate Financing and Investment Decisions When Firms Have Information That Investors Do Not Have", *Journal of Financial Economics*, 1984, 13: 187 -221.

Myers S. C., Majluf N., "Corporate Financing and Investment Decisions When Firms Have Information Investor Do Not Have", *Journal of Financial Economics*, 1992, (32): 263 -292.

Narayanan M. P., "Managerial Incentives for Short - Term Results", *Journal of Finance*, 1985, 40: 1469 -1484.

North D. C., *Structure and Change In Economic History*, New York: Norton, 1981.

North D. C., *Institutions, Institutional Change and Economic Performance*, Cambridge, Cambridge University Press, 1990.

Odean T., "Do Investors Trade Too Much?" *American Economic Review*, 2002, 89: 1279 -1298.

Pound., "Proxy contests and the efficiency of shareholder oversight", *Journal of Financial Economics*, 1988, 20 (1/2): 237 -265.

Qian Y., "Enterprise Reform in China: Agency Problems Political Control", *Economics of Transition*, 1996, 4: 422 -447.

Qian Y., Government Control in Corporate Governance as a Transitional Institute: Lesson from China. Working Paper, University of Maryland, 2000.

Rajan R. G. , Zingales L. , "Financial dependence and growth", *American Economic Review*, 1998, 88 (3): 559 - 586.

Richardson S. , "Overinvestment of Free Cash Flow", *Review of Accounting Studies*, 2006, 11: 159 - 189.

Risberg M. , "Does Earnings quality matter for the investment decision?" *University of Goteborg Working Paper*, 2006.

Riyanto Y. E. , Toolsema L. A. , "Tunneling and Popping: A Justification for Pyramidal Ownership", *Working Paper*, 2005.

Robinson J. , *The Generalization of the General Theory*, *In: the Rate of Interest and Other Essays*. London: MacMillan, 1952.

Shleifer A. , Vishny R. , Corruption. *The Quarterly Journal of Economics*, 1993, 108 (3): 599 - 617.

Shleifer A. , Vishny R. , "Politicians and Firms", *Quarterly Journal of Economics*, 1994, 109: 995 - 1025.

Shleifer A. , "State Versus Private Ownership", *Journal of Economic Perspectives*, 1998, 12 (4): 133 - 150.

Shleifer A. , Vishny R. , "Large Shareholders and Corporate Control", *Journal of Political Economy*, 1986, 94 (3): 461 - 488.

Shleifer A. , Vishny R. W. , "Management Entrenchment: The Case of Managerial Specific Investments", *Journal of Financial Economics*, 1989, 25: 123 - 139.

Shleifer A. , Vishny R. W. , "Politicians and Firms", *Quarterly Journal of Economics*, 1994, 109: 995 - 1025.

Smit H. T. J. , Ankum L. A. , "A Real Options and Game - Theoretic Approach to corporate Investment Strategy under Competition", *Finacial Management*, 1993.

Smith C. , Watts. R. , "The Investment Opportunity Set and Corporate Financing, Dividend, and Compensation Policies", *Journal of Financial Economics*, 1992, (32): 263 - 292.

Stein J. C. , "Rational Capital Budgeting in an Irrational World", *Journal of Business*, 1996, 69: 429 -455.

Stulz R. , "Managerial Discretion and Optimal Financing Policies", *Journal of Financial Economics*, 1990 (26): 3 -27.

Wang J. Governance Role of Different Types of State - shareholder: Evidence From China's Listed Companies. P. H. D. dissertation, Hong Kong University of Science and Technology, 2003.

Wang, X. , "Capital Allocation and Accounting Information Properties", *Emory University working paper*, 2003.

Williamson O. , *The Economic Institutions of Capitalism*, New York, Free Press, 1985.

Willian T. C. , Carol L. , "Industry and Liquidity Effects In corporate Investment and Cash Relationships", *The Journal of Applied Business Research*, 2002, 18 (1): 12 -29.

Wurgler J. "Financial Markets and the Allocation of Capital", *Journal of Financial Economics*, 2000, 58: 187 -214.

Xueping Wu. , "Zheng Wang. Equity financing in a Myers - Majluf framework with private benefits of control", *Journal of Corporate Finance*, 2005, 11: 915 -945.

Zhang Tianyu, Corporate Layer and Corporate Transparency in a Transition Economy. P. H. D. dissertation. Hong Kong University of Science and Technology, 2004.

Zhang W. , "China's soe reform: A Corporate Governance Perspective", Working Paper, 2000.